どの子も図工大好き！
酒井式 "絵の授業"

―よういスタート！ ここまで描けるシナリオ集―

酒井臣吾　監修
寺田真紀子　著

学芸みらい社

「何を教え」「何を教えない」のか？

酒井式描画指導研究会　主宰　**酒井　臣吾**

　寺田さん指導の作品を見ると、とても楽しくなる。それを描いた子どもの顔がよく見えるからである。
　例えば、72ページの「ゆめのじてんしゃ」の絵を見て頂きたい。1年生がはじめて見た二人乗り自転車への憧れも、それに乗って夢の国に行った喜びも画面からあふれ出ているように感じる。
　どうしてこのような子どもの気持ちが素直に出た作品が生まれるのだろう。

　その原因は、いろいろあるが一言にまとめたら寺田さんが欲張らないからだとみている。この自転車の絵が良い例になる。ご覧の通りこの絵には、いわゆる背景（バック）の色がない。画用紙の白のままである。

　敢えて言うが、私はこの一点だけでこの実践を高く評価する。
　大事なことをしっかり描くことは当たり前のことである。が同時に要らない事は描かない事もしっかりと教えなければならないのである。表現には足し算と同じように引き算もあるのであって、その事を腹に据えておく事はなかなか大変である。
　欲張りな指導者は、
　「もっとここに何かなかったの？」
　「ここが空いているのでこんな色を塗ったらどう？」
　と足し算で責め立ててしまうのである。
　それでは、造形力がつかないだけでなく、子どもたちをスポイルしてしまう。

　寺田さんは、そこのところを良く摑んでいる。けっして欲張らない。
　だから、子どもたちの顔が見える作品になるのである。

　どうかこの本を読むとき、「何を教え、何を教えないのか」という視点から考えて読んで頂きたい。きっと得るものが大きくなる筈である。

まえがき

―絵は好きに描かせたらいい―
―自由に描かせるからこそ子どもの思いが表現できる―
　このような話を聞く。もちろん自由に好きに描くのはよいと思う。
　しかしそれは「お絵かき」であって、「授業」となると話は別である。

> 授業なのだから全員が「できる」ようにしなければいけない。

「どうやって描けばいいの」「わからない」
―描きたいけど描けない―
という状況を一人でも作り出してはいけないのである。
　酒井式は「全員合格」「打率10割」の考え方だ。
　では、教室にいるいろいろな子すべてが「ぼくの絵うまく描けた」「私の絵上手」と思わせるにはどうすればよいか？
　それはやはり「教えるべきことはきっぱりと教える」ことにつきる。

　一例を示す。
　本書でも述べているが「自転車に乗って」というシナリオに取り組んだ時のことである。コピー用紙を用意し、まずは「自由に好きなように」自転車を描かせてみた。しかし、描けないのである。「描きたいけど描けない」のだ。
　大人だって、自転車の実物を見たからといってもなかなか描けない。
　これがタイヤを描き、サドルを描き、人物を描き―という酒井式の部分積み上げ法で描き方を「教える」ことによって、同じ1時間中なのに絵はガラリと変化した。

　子どもたちはみんな「わあ、うまく

実際の子どもの作品（3年生）

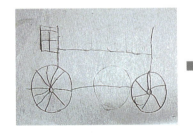 

同じ子の1時間での変化

描けた！」「マジックみたい！」「すごい」と言ってびっくりしていた。
　そして左のような絵が完成した。

　「絵が嫌い」から「教えてもらって描けるようになった」子はどんな気持ちになるだろう。次の日記が衝撃である。

　今日、ぼくは進化した。絵がきらいだったのにいきなり大すきになった。
　それに字をかくのもきらいだったけど、今日になるとこれも大すきになっている。これはちょう進化だ！
　ぼくはいったいどうなっているんだろう。こんなにいっぱい字をかいているし、いったいどういうことだ!!　　　（3年生のAくんの日記）

酒井先生の次の文章を読んでAくんとバチッとリンクした。

　自分の思いを形にすること、イメージを色や形に置き換えることは厳しい活動だ。その厳しさを乗り越えて**少しばかりの力を自覚した時に、大きな喜びが生まれる。これは、何物にも換えがたい喜びなのだ。**
　自分はステップをひとつ超えた—という自覚。この自覚の積み重ねが「自信」となりその自信が造形する「力」となるのである。
　　　　　　　　　（『"活動主義の授業"はなぜだめか？』明治図書）

　このAくんは、絵が嫌いだったのに自分でもびっくりするぐらいうまく

描けて教師に絵を褒められ、友だちにも褒められ、自信につながったのだ。

　国語は言葉を教えること。図工は造形力をつけさせること。
　好きに描きなさい、自由に思いのままを表現しましょう、というのは「お絵かき」であって図工科ではない。

> 　基礎的な技術・基本的な構えも教えずに「思いのまま自由に描いてごらん」とやるから惨憺たる結果になるのである。
> 　　　　　　　　　　　　　　　　　　　（『楽しい絵画教室13』明治図書）

　絵の具の使い方やクレヨンでの彩色の方法・はさみの使い方などの基礎基本からさまざまな技法まできっちり教えるべきことをシナリオを通して教えていくべきである。
　教えることで子どもの自由な発想や個性をつぶすことは決してありえない。むしろ、「きっぱり教える」ことで「このように描きたい」という子どもの思いが表現でき、そして子どもの創造性が表出するのである。

　本書はどの子もにっこり大満足できるようなそんなシナリオが満載である。
　実際に学級で実践し、クラスのみんなが熱中し喜んで取り組んだものばかりである。42人学級というマンモスクラスで実践したのもあり絵の苦手な子、嫌いな子をいかに褒めてのせるかというコツも載せている。
　「次の図工の時間は何を描かせよう？」「展覧会の絵は何にしよう？」と困ったことがある先生にもぴったりの本である。
　オールカラーで詳しい図解入り、すぐに追試できるようになっている。
　ぜひ多くの作品を追試いただき、子どもたちが「私の絵、上手に描けたよ！」「図工が好きになった」という絵を描かせていただけたら幸いである。
　本書を追試された先生方のクラスの子どもたちがみんなにっこり笑顔になることを祈って。

　　　　　　　　　　　　　　　　　　　　　平成28年4月　寺田真紀子

目　次

「何を教え」「何を教えない」のか？
　　　　　　　　　　　　　酒井臣吾……2
まえがき　　　　　　　　寺田真紀子……3

1　酒井式を実施するにあたって

① 大切にしていること７カ条
　　これだけは外せない重要ポイント……10

② 酒井式４原則とは？………………………17

2　1年生 基礎から教えて褒めるシナリオ

♠「鍵盤ハーモニカを吹いたよ」
　　　　　　　（低学年向き）……20

描くべきところはすっきりと描き余計なものは一切描かない。顔の描き方・手の描き方・つなぎ。基礎からみっちり学べるシナリオ。

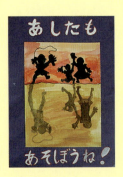

3　夏にぴったり! 初夏からできるシナリオ

♠「水族館の絵」（低・中学年向き）………31
水族館で見た魚たちを画面いっぱいに描く。
人物とのコントラストが美しい。
見た目で涼しくなるようなシナリオ。

♠「花火をみたよ」(低・中学年向き)……42

大空に打ち上げられた花火。クレヨンと絵の具のコラボが美しい夜空を描き出す。
酒井式「花火をみたよ」の白画用紙バージョン。

4 じっくり取り組む酒井式 展覧会におすすめシナリオ

♠「黒い船に乗って」(低・中学年向き)……49

黒い船に乗って冒険に出ました。
さあ何をして遊ぼうかな。魚を釣ったり海で泳いだり……楽しさいっぱいのシナリオ。

♠「スイミー」(中・高学年向き)………57

国語で習った「スイミー」の世界をスタンピングで表そう。
スタンピングの楽しさを味わえるシナリオ。

♠「白い自転車に乗って」
　　　　　　(中・高学年向き)……63

白い自転車に乗って夢の世界へ飛びだそう。
これで自転車の描き方はバッチリ。
2人乗り自転車の描き方も詳しく紹介。

♠「ゆめのじてんしゃ」（低学年向き）……72
　絵の具を使わないでもこんなにすてきな絵になる！
　「白い自転車に乗って」のクレヨンバージョン。

♠「木のある風景」（中・高学年向き）……77
　クレヨンと絵の具のコラボで主調色の世界を表現。
　美しい風景に思わずうっとり。

♠「銀河鉄道の夜」（中・高学年向き）……90
　酒井式最高峰の「銀河鉄道の夜」、3年生でも打率10割。
　クラスでの実践を通した追試シナリオを詳しく紹介。

♠スチレン版画「給食当番の絵」
　　　　　　（低・中学年向き）……103
　スチレン版画なので低学年でも簡単、きれい。
　カッターの使い方も教えられるシナリオ。

5 ポスターにも使えるシナリオ

♠「夕やけこやけ友だちポスター」
　　　　　（中・高学年向き）……111

夕やけ空の下の人物と影が美しい！
影の描き方も詳しくわかるシナリオ。
人権ポスターとしても使える。

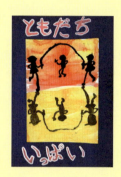

6 冬にぴったりのシナリオ

♠「クリスマスの夜」（中・高学年向き）…121

静かなクリスマスの雪の夜。
キラキラ輝くツリーと雪だるまをスパッタリングで表現。

♠ステンシル「モチモチの木」
　　　　　（中・高学年向き）……128

豆太が見た「モチモチの木」の幻想的な世界をステンシルで表現。紙をめくった瞬間、「わあ〜きれい」とみんな感動する。

1 酒井式を実施するにあたって

大切にしていること7カ条
～これだけは外せない重要ポイント～

第1条　必ず自分で事前に描く

　何といっても一番はこれである。実際に自分で描いてみないことには指導できない。特に彩色は水加減など教師自身が「体験」しておかなければわからない。

> ―自分自身で実際にやってみること―
> これだけは絶対に外せない重要ポイントである。

　自分で実際に描いてみると自分の下手さが身にしみて感じる。
　「ああ、私って下手だなあ」と感じることが大事なのだ。その分子どもが描いた絵に「心から」感動でき褒めることができる。
　ただ、教師は忙しい。まとまった時間はなかなかとれない。だから明日空を塗ろうと計画しているのなら空だけ、明日顔を塗ろうと計画しているのならその部分だけでもよいから事前にやっておくとよい。

第2条　手元を見せて実際にやって見せる

　写真のように前に呼んで実際にやって見せる（30人学級なら、半分ずつ前に呼ぶ）。
　イスに座って説明を聞くのと、教師の近くで手元を見て理解するのでは雲泥の差がある。実演を間近で見ることで具体的にすることやイメージがわかる。
　教師が前で熱心に説明しても聞いていな

い子が絶対にいる。ましてや水加減などわからない。なお、前に呼ぶ際は全員が教師の手元を見えているか確認してから実演を行う。

> ＊やって見せるときの裏ワザ
> 　前でやって見せるとき、パレットや筆は子どもから借りて使う。その際に、「一番手がかかる子・配慮の必要な子」のパレットを借りて実演を行う。このような子は「絵の具を混ぜる」だけでつまずいてしまうことが多い。しかし実演が終わったらその子はもうパレットに絵の具が混ぜてある状態となる。だからあとは「塗る」という一番楽しいところだけに集中できる。

第3条　毎時間のスタートを同じにする：酒井式部分完成法

　同じ時間内に、①完成している子、②色塗りしている子、③まだ下書きの子などが混在していないだろうか。子どもによって進度がバラバラだと指導しにくい。毎時間のスタートを同じにすることが必要である。
　そのためには、「酒井式部分完成法」が最適だ。例えば自転車の絵ならば、この時間はタイヤだけを描く、この時間は人物だけ、この時間はタイヤの彩色だけ、というように部分を完成させていくという方法だ。
　本書にはシナリオ毎に1時間ずつどこまで進むかという指導計画を掲載している。毎時間全員に同じ指導ができるための参考にしていただきたい。

第4条　一目でわかる工夫をする

　机の上に絵の具セットをどう準備するのか。これは「一目でわかる工夫」をする。私はいつも黒板に右のような図を書く。
　この図を書くまではいつも子どもたちが「先生、絵の具は何色を出すのですか」「先生、筆は大筆ですか？」「水入れは？」などといちいち質問してきていた。それでも質

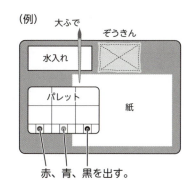

問する子はまだいいほうで何も準備せず遊ぶ子もいた。その子に「早く準備しなさい」と叱るが効果なし。今思えばその子は何をどのように準備してよいかがわからなかったから遊んでいたのだろう。この図を書くようになってからは絵の具の準備もスムーズ。すぐに授業に取りかかることができた。

筆の水加減

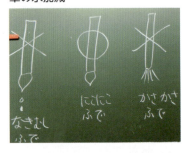

他にも筆の水加減は、

> カサカサ筆
> にこにこ筆
> なきむし筆

と名前をつけ、一目で今日はどの水加減なのかわかるようにしておく。

また、水入れの使い方を教えるときも、

水入れの使い方

> じゃぶじゃぶ池
> すすぎ池
> ちょっぴり池

と名前をつけ一目でわかるように図を書く。

第5条　図工は1時間ずつに設定する

　子どもの集中力は2時間ももたない。1年生などでは20分集中がもったらよいほうである。途中でだれてしまって「もういいや」と適当になってしまう。時間割を組む時点で、図工は1時間ずつに設定し、「もうちょっとしたいな」というぐらいでやめるほうがよい。
　ちょっとしたことだが、大事なことである。

第6条　褒める

　子どもたちが一生懸命描いた線ならば必ずよいところがある。そこを「ここ、いいね」「ここがんばったね」「その調子。いいよ」などと机間巡視しな

がら全員褒める。

また、このような「褒める場面を設定する」方法もある。

◎**フラッシュカード全員褒め**

新学期、図工の授業開きで描かせた作品や、シナリオに挑戦する際の所々で行う。

子どもの絵をフラッシュカードのように次々めくって、「この絵は○○がすばらしい」、「この人は○○をよくがんばったね。ほら、見てここ」、「この人の絵の具の塗り方。ここ。丁寧ですばらしいね」などと言って短く褒めていくのである。

子どもは自分の絵を褒めてくれるのだからニコニコ。クラスもいい雰囲気になる。そして教師のほうは「ぱっと見てその絵のいいところを言わなくてはいけない」と自分に課すことはとても修業になる。

酒井先生は言う。

> 「お！ ここいいね」とある部分を指摘したらもうね、ニコニコするのです。小学生も大学生も同じ顔をするんですよ。つまりね、**その人間が努力した部分を指摘して認めてあげるということ、これは教育の根源**であるわけです。
>
> しかも絵の場合は特に**全人格をそこに投入しているわけですから努力したところを褒められたということは全人格を認められたことになるの**です。だからうなぎ登りに熱心になっていく。
>
> （『楽しい絵画教室⑫』明治図書　＊赤文字：寺田）

大の大人でさえ、セミナーで酒井先生に「いいね」とたった一言褒められただけでもう舞い上がってしまうほど嬉しくなる。これが教室で担任の先生に褒められたら子どもたちはどんなにうれしいことだろう。

さらに、究極の褒める場面も設定できる。それは

◎**酒井式鑑賞会**

である。教師が褒めるだけではなく、友だちにも褒めてもらうのだ。

私はいつも展覧会の絵などが完成したら、写真のようにランダムに絵を貼り、よいところを発表させてから短冊に書かせている。5分程度で絵を取り

替え全員分を鑑賞するのである。

　これは子どもたちは燃える。全員分の短冊を書くやんちゃ坊主。「紙が無くなったので下さい」という声があっちからもこっちからも……。授業の終わりには短冊がまるで札束のように集まる。みんなで枚数を数えるのもこれまたクラスが熱狂状態になる。

　「こんなに友だちの絵のいいところを見つけられるのはすばらしい」

と、おおいに褒める。もちろん学級通信でも褒める。

　酒井先生は言う。

> 　級友の絵を褒めていくうちに、すっかりいい気分になって、その級友も好きになる。
> 　　　　　　　　　　　（教室ツーウェイ2001年1月号　明治図書）

　酒井式鑑賞法はクラス作りにもよい影響を及ぼすのだ。

　ここで、絵が嫌いだったというBくん（3年生）が書いた作文を見ていただきたい。Bくんは、「描こうと思うけどうまく描けない」、だから「苦手、嫌い」となったようだ。しかし、図工の時間に教師に褒められ、認められついに図工が「大好き」になった。

> 「図工が大すきです」
> 　じゅぎょう中で図工が一ばんすきです。なんですきなのか考えました。絵を上手にかけたらうれしいです。それが先生にほめられたらうれしすぎるからです。
> 　これからも先生にほめられるような絵をかきたいです。ずこうが楽しいです。
> 　　　　　　　　　　　　　　　　　　（原文ママ）

　これに対し向山洋一先生・酒井臣吾先生がコメントを下さった。

　向山洋一先生「すばらしい」

酒井臣吾先生「自分がBくんになったように嬉しい」

> どの絵も一生懸命に取り組んだ絵ならば必ずよいところがある。

いっぱい褒めよう。

第7条　道具にこだわる

◎筆にこだわる

酒井先生は言う。

> 筆は彩色の命です。筆をいいかげんに考えるのは自殺行為と同じです。
> 　　　　　　　　　　　　　　　　　　（『楽しい絵画教室②』明治図書）

　収納時に曲がったままになっている筆・古くなってボザボザになっている筆などでは絶対にいい彩色はできない。筆はきちんと整えさせるべきである。
　本論でも述べたが、細かい部分を塗るときなどは「面相筆」が最適だ。学級費で一人1本購入するのが一番いいが、予算的に難しい場合は教師が10本20本と購入しておき子どもに使わせるのがよい。

◎ペンにこだわる

　たかがペン。されどペン。どんなに絵が上手な子でも、かすれているペンで描くと台無しになってしまう。そのためよく出るネームペンをたくさん用意しておき、すぐに貸し出しできるようにしておく。
　展覧会などの絵を描くときは学級費で全員新品を用意するとよい。

◎パレットにこだわる

　ポイントは2つ。

> ①大きいパレットであること　②白いこと

　小さいと混ぜにくく、色もたくさん作れない。大きいものがよい。

また白ければ白いほど色が鮮明にわかる。汚れたパレットだと水を入れるだけで濁ってしまう。1回1回パレットはきれいにさせる。

◎画用紙にこだわる

今から16年前、酒井式を始めたばかりのころ、初めて酒井先生に絵を見ていただいた時のことである。酒井先生は一目見るなりこう言われた。

> これは画用紙が薄いですね。この画用紙だといい色は出ません。
>
> （文責寺田）

それまで画用紙に厚い・薄いがあるなど知らなかった私はたった一目で見抜いた酒井先生の眼力におおいに恐れ入ったのを覚えている。それ以来ずっと「厚い」画用紙を使っている。モノがいいと紙自体も頑丈だし発色もよい。学校出入りの教材屋さんにお願いしてよい画用紙を使おう。

◎絵の具にこだわる

100円均一の店で購入した絵の具をもってきている児童がいた。混ぜても発色が非常に悪い。すぐに教師の絵の具を貸し出してそれを使わせるようにした。

本論でも述べるが「銀河鉄道の夜」などのシナリオでは白のポスターカラーがおすすめだ。マヨネーズタイプの容器のものがあるので教師用に購入しておくと、子どもにドンドン使わせることができる。また、「ウルトラマリンブルー」が酒井式のシナリオでもよく使われる。この色は水彩絵の具にはない魅惑的な色が出る。

> 材料や用具は教師が自分の責任で厳選して与えることこそが基本でありその土台があってこそ付随的な材料を子どもが選択できるのである。
>
> （『楽しい絵画教室⑫』明治図書）

以上、酒井式をするうえで大切にしていること7カ条である。

酒井式4原則とは？

　酒井式4原則とは、酒井臣吾先生がまとめられた4原則で「酒井式を一言で短く表すとするならば、これだ」という以下の4つの思想である。

> ・踏ん切る…………見切り発車の原則
> ・集中する…………かたつむりの原則
> ・「よし」とする　……肯定の原則
> ・それを生かす………プラス転換の原則

踏ん切る……見切り発車の原則

　いつまでも筆が進まない子がいる。私も、頭の中で考えていて筆がとまってしまうことがよくある。それでは何も始まらない。とにかく見切り発車してしまおうという原則である。
　酒井先生は、
「ようい、スタートと言ったらもう線を引いてしまいましょう。踏ん切るんです」
と言われる。そして「よーい。……スタート」スタートは優しくそっと言う。決して徒競走の「よーいスタート!!」ではない。この優しく小さな声の「スタート」で見切り発車をさせるのだ。ここからすべてが始まる。

集中する……かたつむりの原則

　これはかたつむりの線に言い換えられる。踏ん切ったからには全神経をこめてその線に集中するのだ。よーいスタートで踏ん切ってみんなが描き始めたシーンとした教室で、教師は「いいね」「かたつむりの線です」「その調子」と一人ひとりに褒め言葉のシャワーを浴びせていく。
　このシャワーの褒め言葉がさらに子どもたちを集中へ導くこととなる。

しかしここでみんな壁にぶつかる。「自分の描いた線はこれでよいのか？」という不安との葛藤だ。特に４月はじめ酒井式が初めての時などは「先生、これでいいの？」「先生！」「ねえ、見て！」と不安でいっぱいになる。
　ここで次の原則３をみてほしい。

「よし」とする……肯定の原則

　自分で精いっぱい集中して描いた線ならば後悔しないで「よし」とするのである。彩色の場合も同じ。「失敗だ」と思って２度、３度と色を重ねてしまったら最後、色は濁ってしまう。一度塗ったところはこすらず２度塗りせず「よし」として次へ進むのである。

それを生かす……プラス転換の原則

　よしとした線を「それを生かす」のである。酒井式では、顔を描くとき「鼻が小さすぎたら、それをよしとして口を大きく描けばよい」、「鼻が大きすぎたら、それをよしとして口を小さく描けばよい」としている。

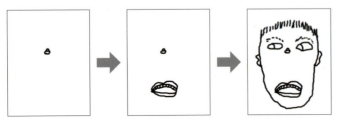

鼻が小さすぎたら　→　口を大きく描けばよい

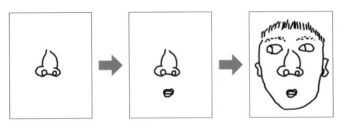

鼻が大きすぎたら　→　口を小さく描けばよい

> できあがってみると、鼻の大きさはあまり関係がなくなってくる。

後悔せずにそれを生かしプラスに考えることが大切だ。

　ここで忘れられないエピソードがある。2年生でイルカショーの絵を描いた時のことだ。失敗や負けを認めたがらずパニックになってしまうCくんが失敗の線を引いてしまったのである（写真左）。自分でバツ印も描いてしまい、顔が曇ってイライラしているのがわかった。

　「あ〜あ、やっちゃったね」と否定語を言うのはNG。一生懸命描いた線ならよしとすることができる。困った顔など1ミリも出しちゃいけない。教師が困った顔をすると子どもに伝わってしまう。

　私はにっこり笑って「大丈夫だよ」「この線を生かそう」と笑顔で言った。
　間違いの線はなんと左腕の洋服の縞模様になったのである（写真中）。

　後はいらないところを酒井式切り貼り法で切ってイルカを描いた画用紙に貼った（右下丸印）。この作品は市の図画展で表彰された。

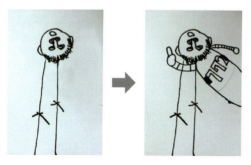

　酒井先生は次のように言われている。

> 　絵を描く—という行為は何もないところに一つの「世界」を作り上げることである。（中略）見通しのない闇の中を手さぐりで旅に出るようなものだ。
> 　「踏ん切る」「集中する」「良しとする」「それを生かす」の四原則は暗闇を旅する子どもたちへの心の部分の応援歌である。
> 　そして筆の洗い方や色の置き方などの技術は暗闇の中の障害を克服して目的を達するためのノウハウである。　　　（『楽しい絵画教室⑭』明治図書）

　酒井式4原則をふまえたシナリオを次ページから紹介する。

2　1年生　基礎から教えて褒めるシナリオ

「鍵盤ハーモニカを吹いたよ」(低学年向き)

　小学校へ入学して一生懸命練習した鍵盤ハーモニカ。それをがんばって吹いているところを描く。
　「これ、うちの子が描いたのですか？」と保護者もびっくり。
　どの子も満足する「上手に吹いたよ」をぜひどうぞ。

（原実践：酒井臣吾氏）

1年生1学期の作品

> ＊このシナリオで体験・獲得させたい造形力
> 　鍵盤ハーモニカを吹く人物の描き方・クレヨンの彩色の方法

1　準備物
　色画用紙（4つ切り、色は「銀ねずみ」またはそれに近い色）・クレヨン・鍵盤ハーモニカ・鉛筆・コンテ（こげ茶）・綿棒

2　指導計画（全7時間）
　第1幕　構図・鍵盤ハーモニカを鉛筆で描く
　第2幕　コンテで手を描く・鼻口目を描く
　第3幕　顔を完成させる・コンテで鍵盤ハーモニカを描く
　第4幕　胴体を描いてつなげる
　第5幕　顔の色を塗る
　第6幕　鍵盤ハーモニカの色を塗る
　第7幕　洋服を塗る・仕上げをする

第1幕　構図・鍵盤ハーモニカを鉛筆で描く

（音楽の授業の後などにするのがおすすめ）

> みんな、鍵盤ハーモニカとっても上手になってきたね。
> 今日の図工では、みんながいっしょうけんめい吹いているところを絵に描きます。

見本を見せる。
C：うわあ、先生上手！
C：うまーい！
かわいい1年生。手を叩いてくれる子もいる。

> 大丈夫。みんなも描けるよ。
> まず、鍵盤ハーモニカを描きます。どこに描こうか考えてみます。

黒板に5枚（3枚は縦・2枚は横）の画用紙を貼り、実際に鍵盤ハーモニカを置いてみて例示する。

> こんなふうに鍵盤ハーモニカを描こうかな。いや、こっちがいいかな。なるべくまっすぐじゃなくてちょっとななめにします。どの置き方がいいか決めます。描こうと思う場所に指で長四角になぞりましょう。

1年生の1学期である。いきなり描かせることはしない。指で鍵盤ハーモニカの形である長四角をなぞらせる。机間巡視すると四角があまりにも小さすぎる子が必ずいる。その子には、「このぐらいの四角だよ」と指でなぞらせる。

> 鉛筆で長四角をうす〜〜く描きます。うす〜くだよ。

　全員長四角がうすく描けたら鍵盤ハーモニカの本物を見せる。

> 　本物の鍵盤ハーモニカは周りに水色の部分があるね。だから長四角の中にもう1つ小さい長四角を描きます。
> 　そして鍵盤、弾くところだね。

黒鍵盤は線にかぶせるように描く。
この時点では黒鍵盤をまだ塗りつぶさないように。

> 黒鍵盤は2こ→なし→3こ→なしとならんでいるね。

第2幕　コンテで手を描く・鼻口目を描く

　まず、別の紙に手の描き方の練習をする（正進社の「わくわく絵の練習帳」があればおすすめ）。

先生の手をよーく見てごらん。
（写真のように手にペンで丸い線を描いた教師の手を見せる）
手は丸い部分とそうでない部分に分かれています。

はじめに○を描きます。

親指を描きます。

残りの指を描きます。

最後に爪、しわを描きます。

ここまで1度練習してから本番の紙を配布。

鍵盤ハーモニカを弾いている手を描きます。
はじめに描くのは何でしたか？（指名）　そう、○でしたね。

（実際に手を鍵盤ハーモニカにのせて弾くまねをする。）

手の○はどこに描けばよいですか？
①と思う人？　②？　③？（挙手させる）

①　　　　　　　　②　　　　　　　　③

①は反対から弾くことになっちゃうね。②は指が鍵盤からはみ出ちゃう。③のように鍵盤ハーモニカに少し重なるように描きます。

○の次に描くのは何でしたか。

C：親指！

そうですね。弾いているように鍵盤に指をのせます。
最後に描くのは何ですか？（指名）
よく覚えていました。残りの指ですね。

最後に爪、しわ、だったね。こぶも描きます。

コンテで鼻を描きます。どこに描こうかな。描こうと思うところに指でなぞってごらん。

　　上に鍵盤ハーモニカがある場合は、どちらの向きでもいいね。こんなふうに（右図）反対向きに描くと、逆さま顔になっておもしろいよ。

例示することで、逆さま顔へ挑戦する子も出てくる。

口を描きます。口は吹き口を吹いているので閉じていますね。

目を描きます。目の玉はどこを見ていますか？

C：手！

そうですね。弾いている「手」を見ています。
眉毛も描きます。

ホースを鉛筆で描きます。これもうすく、うすくね。

注：ホースの鉛筆の線がうすくて見えにくいため加工しています。

第3幕　顔を完成させる・コンテで鍵盤ハーモニカを描く

輪郭を描きます。
　自分の輪郭を触ってみましょう。
　はじめは目の横。固いよ〜固いよ〜。ほっぺはぽちゃぽちゃだよ〜。
　途中でホースにぶつかったら……、そうですね。ここは踏みません。

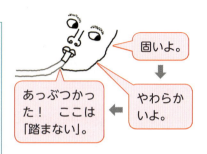

あごはごつごつしてるよ〜。
ほっぺはやわらかいよ〜。
また固くなってきた。
はい、着きました。

耳を描きます。ごにょごにょだよ。
　最後に髪の毛を描きます。1本1本描きます。

鉛筆で描いた鍵盤ハーモニカの線をコンテでなぞります。
　このとき手の○の中の線はなぞってもいいですか？

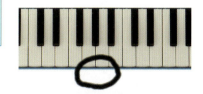

C：だめ〜〜。
C：手が透明になっちゃう！

> そうだね。透明の手になっちゃうね。
> 手のところはなぞらないようにしましょう。

第4幕　胴体を描いてつなげる

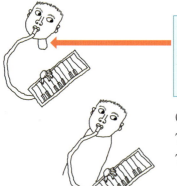

> お助け体（胴体）を描きます。でもね、こんなふう（矢印）にお助け体を描いちゃった子もいます。どうかな？

C：だめ！　小さすぎる！
T：そうですね。小さすぎるとおかしいね。
T：では、こうしてみました。
　　どうでしょう。
C：これでいい！

> そうですね。大丈夫です。
> 　大丈夫なんだけどね、顔の線とお助け体がまっすぐになってしまうと「気をつけ」になるのでまっすぐにならないほうがいいですね。

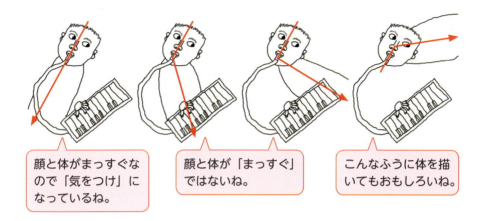

顔と体がまっすぐなので「気をつけ」になっているね。

顔と体が「まっすぐ」ではないね。

こんなふうに体を描いてもおもしろいね。

> 描こうと思うところを指でなぞりましょう。

必ず指で「こう描こうかな」という線をなぞってからコンテで描く。

> 手とお助け体をつなげます。

これも、描こうと思うところを必ず指でなぞってからつなげる。
両手で弾きたい子は反対の手も描かせる。
片手だけの子は反対の手をどうするか。これは「必殺ごまかしの技」を使う。つまりドーナツの半分を描いて背中にかくしてしまうのだ。または、そのまま画用紙の外に飛び出すようにしてごまかしてもよい。

> 最後に服を着せます。
> 腕に1本線を入れるだけで半そでになるよ。

C：おおーっ、ほんとだ！
　服の模様は好きに描かせる。細かくなりすぎると塗るときに大変なので細かくしすぎないのがポイント。

第5幕　顔の色を塗る

> 〈板書〉　かお………おうどいろ（うすく）、ちゃいろ（うすく）、
> 　　　　　　　　　　うすだいだい（こく）
> 　　　　　くちびる……オレンジ（うすく）、ちゃいろ（うすく）

> 　顔の色を塗ります。もう1年生ですから、色を混ぜて「上手な顔の色」にします。

子どもたちを前に集めて実演をする。

> 　はじめに黄土色をうすーくうすーく。その上に茶色もうすーく。最後にうすだいだい色を濃く塗り込みます。すると……ほら、ちょっとちがう上手な色になったでしょう？　そして綿棒でくるくるとのばす。

C：本当だ！　すごい！

> 　眉毛とか細かいところは塗らなくて大丈夫です。
> 綿棒でのばしてもいいですね。
> 　ほっぺは赤をすこーし。
> 　そのうえにうすだいだい色をかさねると……。

C：わあ、ほんのりピンクになった!!
　子どもたちはすごく喜ぶ。ここは教師がぜひ予備実験をしていただきたい。

第6幕　鍵盤ハーモニカの色を塗る

> 鍵盤ハーモニカの白鍵盤を塗ります。コンテの線を踏まないように塗りましょう。

「コンテの線を踏まない」というのは「丁寧に塗りなさい」という隠れ指示である。コンテの線を踏まないように塗ることは自然と丁寧な塗り方になるのだ。ただし「先生、線を踏んでしまった」という子もその場ではよしとする。

> ホースの白い部分も塗ります。これも線を踏まないようにがんばりましょう。

そして周りのピンクか水色かを選んで塗る。

> 最後に黒鍵盤・吹き口の黒を塗ります。黒は強い色だからこすって濁らないようにね。

先ほどのコンテの線を踏んでしまった子は、最後にこげ茶のクレヨンで上から踏んだ線をなぞらせるときれいに仕上がる。

第7幕　洋服を塗る・仕上げをする

> はじめに目の白目の部分を「白」で塗ります。
> 洋服を塗ります。洋服は好きな色で塗ってもいいです。ただしコンテの線は……踏まないように！だね。

ここは自由に塗らせよう。塗ったら綿棒でくるくる。

スペースが大きく空いている子には「どれみ」や「ふけたよ」などの文字をクレヨンで入れてポスターのようにするとよい。

● 1年生1学期の作品

3 夏にぴったり！ 初夏からできるシナリオ

「水族館の絵」(低・中学年向き)

遠足で水族館に行ったよ。大きな魚やきれいな魚が泳いでいたよ。おもしろい顔のふぐもいたよ。

いろいろな魚が元気に泳ぐ水族館の絵を紹介。

正面向きの魚の描き方もこのシナリオでバッチリ。

＊このシナリオで体験・獲得させたい造形力
　動きのある魚の描き方・にじみ技法・はさみ、のりの使い方

1　自由に魚を描かせるとほとんどの子が左向きに魚を描く

2年生春の遠足で水族館に行った。後日、その時の絵を描くことになった。しかし、自由に好きなように子どもたちに魚を描かせるとどうなるか。

クラスで実態調査をしてみると、ほとんどの子が左向きの魚を描いた。

●2年生35人クラス
　左向きの魚　→32人
　右向きの魚　→3人
　正面向きの魚→0人

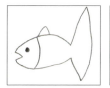

(2年生の実物コピー)

右利きの場合、左から右に線を引くほうが、自分の描く線を見ながら描けるので描きやすい。そのため「自由に」描くと大多数の人が「左向き」に魚を描く。実際クラスでは、右向きの魚を描いた3人は全員左利きであった。そして正面向きの魚を描いた子は一人もいなかった。

「魚はいろいろな泳ぎ方をしているでしょう。元気よく泳いでいるように描こう」と言っても、結果は変わらない。いわゆる「冷凍、カチンコチンの魚」のままである。酒井先生は言う。

> 子どもたちも動きのある絵を描きたいのです。けれど描けないでいるのです。それは、教えなかったら描けないのです。描けないままなのです。
> 　　　　　　　　　　　　　　　　　　（『楽しい絵画教室13』明治図書）

大人だっていざ正面向きの魚を描こうと思っても筆がぴたりと止まって描けない。それは教えてもらっていないからだ。

そこで、打率10割の「いろいろな向きの魚の描き方（第1幕）」を学習してから、本番の紙に書くことをおすすめする。

2　準備物

画用紙（4つ切り、8つ切りでも可）・クレヨン・はさみ・のり・絵の具・B4コピー用紙・黒ペン・綿棒

3　指導計画（全8時間）

第1幕　①魚の描き方トレーニング・いろいろな向きの魚を描く
　　　　②コピー用紙に魚をたくさん描く
第2幕　クレヨンで魚の色を塗る
第3幕　魚をはさみで切り取る
第4幕　にじみ技法で水を描く
第5幕　魚をのりで貼る
第6幕　人物を描く　小さい魚を描き足す
第7幕　人物・小さい魚の色を塗る　仕上げ

第1幕　①魚の描き方トレーニング・いろいろな向きの魚を描く

はじめに魚の描き方トレーニングをする。8つに線で区切ったB4コピー用紙を配布する。

3　夏にぴったり！　初夏からできるシナリオ

> 魚の描き方を勉強します。①に自由に好きなように1匹の魚を描いてごらん。

練習なのでさっと描く。
（ほとんどがこのような形の魚となる。）

> でも、これでは元気よく泳いでいないね。元気に泳がせます。
> ②に描きます。

「頭→尾びれ→つなげる」酒井式のつなぎ方で描く。

たったこれだけで①と②では劇的に変化する。子どもたちは「すごい！」と大喜び。

（①②ともに同じ子が描いたもの）

これも「教えなければ」絶対に描けるようにはならない。「自由に好きなように」描くだけでは「ぼくの描いた絵、上手」という自尊感情はUPしない。

> 次は③に描きます。はじめは何でしたか？　そう、頭ですね。
> 頭を下向きに描いてみましょう。

③

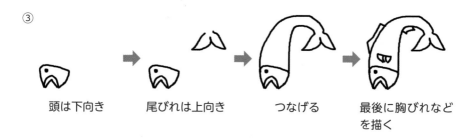

頭は下向き　　尾びれは上向き　　つなげる　　最後に胸びれなどを描く

でも、よく見るとこんな向きのお魚もいますね。
（正面向きのフグの写真を見せる）

正面向きの魚を描いたことがある人？　難しそうだなと思う人？　大丈夫。描き方は同じです。④に描きましょう。

④

同じやり方で頭を長丸にしてみましょう。⑤に描きます。

⑤

丸い頭や、口を閉じた魚もいるよね。⑥に描いてみましょう。

⑥

描き方は同じ。すべて「頭→尾びれ→つなげる」である。
変化のある繰り返しなので子どもたちはどんどんノッてくる。

さっきのフグにトゲトゲをつけてごらん。⑦に描きましょう。

⑦

C：うわあハリセンボンだ！
　＊ちなみに、基本形のフグにちょうちんをつけるとチョウチンアンコウになる。

> 最後は「ジンベエザメ」です。これも描いてみたいよね。
> ん？　難しそう？　大丈夫。描き方は同じです。
> 「頭→尾びれ→つなげる」の順に描けばいいんだね。⑧に描きます。

ジンベエザメであっても、描き方は同じ。

⑧

頭　　　　　　　尾びれ　　　　　　つなげる・胸びれをつける

> ①とその他を比べてごらん。
> みんなすごく上手に描けるようになったね。もう魚を描くプロです。

うんと褒めてこの時間は終了。やり方がわかってうれしかったのか、休み時間にも自由帳にたくさん魚を描く子もいた。

第1幕　②コピー用紙に魚をたくさん描く

次の時間は、コピー用紙に魚をたくさん描く。

> 今日は魚をたくさん描きます。
> 　前に描き方をお勉強したよね。ほかにもたくさんの種類の魚を描いていいです。

C：ぼくはクラゲにしようっと。
C：カクレクマノミもいいな。

ほかにもカジキ・タコ・イカ・クラゲ・カメ・ペンギンなど、クラスでは一人B4コピー用紙2〜3枚分ぐらいたくさん描いていた。

第2幕　クレヨンで魚の色を塗る

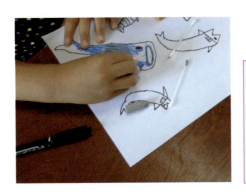

色は自由。
塗れたら、それを綿棒でこする。

　綿棒はまあるくまあるくやさしくこすります。
　力を入れてまっすぐこすったり、ぎゅっとこすりすぎたりしてはいけません。紙が痛みます。

まあるくまあるくやさしくこする。

直線にこすらない、力を入れすぎない。

第3幕　魚をはさみで切り取る

はさみで切り取るときのコツは3つ。

①大まかに切ってから細かいところを切る
②はさみを動かすのではなく紙を回しながら切る
③チョッキン、チョッキンではなくチョチョチョとはさみの奥部分で切る

　ここで気をつけることは、「切り取った後の処理」である。クラスでは紙袋に名前を書き、その中に切り取った魚を入れさせた。そうしないと切り取った魚がバラバラになり「これは誰の魚？」ということが起きるからである。

第4幕　にじみ技法で水を描く

酒井式のにじみ技法である。

〈板書〉　パレットにきいろ・青・みどり・ちょっぴり赤を出す。

《にじみ技法》

大筆を水入れにチャポンとつけて、そのままパレットの上にもってきて1滴水滴を落とします。ほら、1回、2回……5回やると水たまりができるね。この水たまりを4つ作ります。

パレットに出した青色を全部使って青色ジュースを作ります。同じようにして4つジュースを作ります。

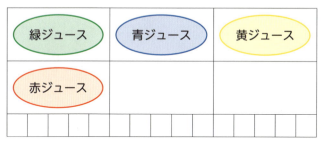

筆が4本ある人は、「これは黄色専用筆、これは緑専用筆、これは青専用筆」などと決めておくとスムーズ。2本しかない場合もまず黄色と緑専用を決めておくとよい。

プリンカップに半分ぐらい入れた水を一気に画用紙に流して、刷毛で広げ画用紙全体をぬらします。

> 思い切って一気に水をかけ刷毛でのばす。安いものは1本100円ほどで売っているので、刷毛は2、3人に1つくらい購入しておくと今後ずっと使えて便利。

　ここはスピードが大切。すぐに乾いてしまうのでドバッと水を一気にかけて刷毛で画用紙全体をぬらす。

　乾かないうちに黄色からにじませる。青・緑からすると黄色が負けてしまいうまく出ないので、黄色からがよい。

> 　大筆を黄色ジュースにつけて、紙に描くと……ほら、じわ〜っとにじむでしょう？　これが「にじみ」です。

　大筆でさーっと線を引くようにすると、にじんだところが水の流れに見えてとても美しい。
　そしてぬらした画用紙が乾かないうちに緑専用の筆を使って緑をにじませる。

> 　次に緑です。そのときなるべく黄色がかかっていないところへにじませましょう。

　緑の次は青である。その際も一度色を置いたところは決してこすらない。

> 　最後に赤です。赤を入れすぎると赤潮みたいになるからね、細い筆でちょっぴりチョンと2、3か所入れます。

　赤はスパイスの役割なのでほんの少し。
　にじみ技法成功への最大の秘訣は、
・ゴシゴシこすらない
・水が乾かないうちにする
ことである。

にじみ技法は、終了後乾くまでに時間がかかる。乾かないうちに傾けたりしてしまうと色が混ざって濁り、美しさが台無しになってしまう。そのため紙を机の上から移動させなくてもよい時間（帰る前の6時間目など）に行い、次の朝登校したら乾いているという状況で実施するとよりきれいに仕上がる。
　作品を移動せずににじみ技法ができる環境をセッティングするもの大切だ。

第5幕　魚をのりで貼る

　楽しい水族館にします。「どのように貼ろうかな？」といろいろ置いてみてから貼りましょう。切った魚を全部使わなくてもいいです。
　この魚やっぱりいらないなあと思ったら貼りません。

　水族館のガラス越しだと重なって見える魚もいるし、半分しか見えない魚もいるでしょう。ちょっぴり重ねてもよいし、半分だけ見えているようにしてもいいのです。

いろいろと置いてみることで構図の学習にもなる。

紙からはみ出た魚は、はさみで切る。

位置が決まったらのりで貼る。のりの使い方のコツは2つ。

①不要な紙を用意し、その上でのりをつける
②のりは全体にべったりつけるのではなく、端につける

　これも教えなければ、のりを中央に山盛りに盛る子もいる。きっちり教えていこう。

第6幕　人物を描く　小さい魚を描き足す

水族館で魚を見ている「自分」を描きます。後で塗りつぶして影にするので、目・鼻・口は描かなくていいです。

魚を指さしているように描く。
横向き・女の子の髪・帽子など工夫する。自分が描けたら友だちも描く。

小さい魚を描きます。小さい魚はかたまって泳いでいたよね。だから近くにかためて描きます。

小さい魚は直接ペンで書きこむ。大きい魚と重ねて描いてもよい。

第7幕　人物・小さい魚の色を塗る　仕上げ

いよいよ仕上げです。人物は黒ペンで塗りつぶして影にします。
　広いところは黒のクレヨンで塗ってもいいです。

（写真で見ると真っ黒に見えるが、実は広い部分はクレヨンで指など細かいところはペンで塗りつぶしている）

小さい魚は好きな色のクレヨンで塗り、綿棒でこすって完成。

● 2年生の作品

「花火をみたよ」(低・中学年向き)
～夜空を塗ると花火が浮かび出る！ 白画用紙バージョン～

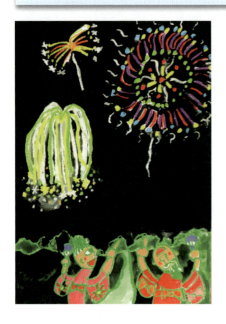

大空に打ち上げられた花火。
クレヨンと絵の具のコラボが美しい夜空を描き出す。
酒井式「花火をみたよ」の白画用紙バージョン。

＊このシナリオで体験・獲得させたい造形力
　いろいろな花火の描き方
　遠近（人物と遠景）
　逆さ顔の人物の描き方

1　準備物

　画用紙（4つ切り、8つ切りでも可）・クレヨン・絵の具

2　指導計画（全7時間）

　第1幕　花火を描く
　第2幕　いろいろな花火を描く
　第3幕　人物を描く
　第4幕　背景を描く
　第5幕　人物を塗る
　第6幕　山・野原を塗る
　第7幕　空を塗って完成

第1幕　花火を描く

> 　お話をします。目を閉じましょう。
> 〜ぼくは、夏休みに隣のヨッちゃんと一緒に花火を見に行ったんだ。
> 　ヨッちゃんと一緒に座って「花火はまだかなまだかな」ってずっと待っていた。しばらくすると、ひゅるるるる〜〜〜どーん!!
> 　「うわ〜きれい」　次々と上がる花火。しだれ花火やリボンみたいな花火、クルクルって回る花火。途中で色が変わる花火。
> 　「ぼくはあれがいい！」とヨッちゃんがリボンの花火を指さしたんだ。
> 　「ぼくはあれだな」としだれ花火を指さした。
> 　あの夏の花火は一生忘れられないよ。

T：はい、目を開けて。
C：先生、ぼくも花火を見たよ！
C：私も見たよ！　きれいだった！
T：そんなきれいな花火の絵を描きます（見本を見せる）。
T：まず、花火を描きます。
　子どもを近くに呼んで実演する。

> 　使う色はきれいな色。ピンク・赤・黄色・水色・黄緑・オレンジ・白・肌色などがきれいです。濃い緑は見えにくくなるのであまりおすすめしません。茶色や黒もやめておきましょう。

はじめは点。その周りに色を変えて4つ。

途中で長細いものを入れてもいいね。くるっとカーブしているのを入れてもいい。

白いクレヨンを使ってもかまいません。あとで色が浮き出てくるからすごくきれいです。

子どもたちはいろいろ工夫をした花火を描く。おおいに褒める。

 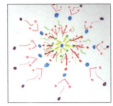 

第2幕　いろいろな花火を描く

T：今日はちがう形の花火を描きます。丸い花火のほかに何がありましたか？
C：しだれ花火！
C：リボンの花火！　ハートのもあったよ。

真ん中から矢印のように同じ高さに少し上げて下ろします。

真ん中に近いほど高く上げて近くに下ろします。真ん中より遠いほど低く上げて遠くに下ろします。

下にキラキラを描いてできあがり。

白でしだれ花火を描くと今は見えないけど、空の色を塗るとすごくきれいに出ます。白や黄色がおすすめです。

↑この絵は最後の完成作品と見比べていただきたい。白がくっきり浮き出て美しい。

3　夏にぴったり！　初夏からできるシナリオ

第3幕　人物を描く

花火を見ている「ぼく・わたし」を描きます。
緑のクレヨンか、紫のクレヨンのどちらがいいか選びます。

○を描きます。逆さまに顔を描きます。
目は花火をみつめているように。

手・お助け体（胴体）を描きます。
○に人差し指を1本つけるだけで「あれ！」と指さしている手になるよ。

浴衣を着せます。
こんなふうに袖をまるくさせると、ほら、浴衣になるでしょう。

帯を描いて模様を好きに描きます。
お花の模様などでもいいね。

自分が描けたら友だちを描きます。
2人目は逆さま顔でもよいし、横顔でもよいです。
うちわをもったり、金魚すくいの袋をもったり、わたあめ、かき氷など好きなものをもたせてあげましょう。

こうすることで「これはぼく、これは○○くん」などと絵に主語ができる。

第4幕　背景を描く

自分や友だちを描いた色と同じクレヨンで地面の線を描きます。まっすぐにならないようにしましょう。

人の線は踏まずにとばします。地面の線が描けたら山を描きます。
家や道を小さく描いてもいいですね。

　この時間はこれ以上進まず、20分ぐらいで終了。

第5幕　人物を塗る

〈板書〉　パレットに茶色・白・赤・青・黄色を出す
　　　　　クレヨンの線はふまない

　茶色と白で色を作って顔や手を塗りましょう。

（実施した学年は2年生だったため、一番簡単な茶色＋白とした）
乾いたらほっぺの部分をピンクでうすく重ね塗りをする。

　ゆかたやうちわは好きな色で塗ります。でもね、「塗らない」というのもおすすめです。白の浴衣にしたい人は模様だけを塗りましょう。

第6幕　山・野原を塗る

〈板書〉　青っぽくする人……青・黒をパレットに出す
　　　　　緑っぽくする人……緑・黒をパレットに出す

たっぷり色を作って大筆または刷毛で一気に塗る。
子どもたちを前に呼んで実演する。

> 　大筆を水入れにつけてそのままパレットの大きいお部屋に水を垂らします。全部で5回。そこへ青色を全部とかします。青色ジュースができるね。
> 　そこに黒を少しずつ混ぜていきます。黒は強い色だからね。少しずつ。
> 　できた色で山や野原を塗ります。人のクレヨンは踏まないようにね。

同じ1色でも、水の多さによって色は変わる。道などは水を足して色をうすくして塗る。

家を描いた子は窓を黄色で塗る。家の周りも黄色で塗る。

第7幕　空を塗って完成

〈板書〉　青っぽくする人……青たっぷり・黒をパレットに出す
　　　　　緑っぽくする人……緑たっぷり・黒をパレットに出す
　　　　　＊前の時間とちがう色にする。

第6幕と同様にして、色をたっぷり作って大筆で一気に塗る。
　花火はクレヨンだから水をはじくが、上から塗りつけるとやはり少し汚れてしまう。だからなるべくクレヨンを踏まずに夜空の色を塗るとよい。
　白い花火がくっきりと浮かび上がった瞬間、「おおお〜〜」「すごい」と感

嘆の声が上がる。

　白い画用紙で見えなかった花火がくっきりと「浮かび上がる」のだ。この作業は子どもたちにとってすごく楽しい時間となる。

● 2年生の作品

4 じっくり取り組む酒井式　展覧会におすすめシナリオ

「黒い船に乗って」（低・中学年向き）

　ぼくは南の島でつりをしたよ、ぼくは船から海へ飛び込んだよ、イルカに乗って遊ぼうかな……。
　黒い船に乗って南の海で思い切り遊ぶ子どもの夢を実現する楽しいシナリオ。
（原実践：酒井臣吾氏）

＊このシナリオで体験・獲得させたい造形力
　黒い船の描き方・大小（船と人物）・にじみ技法

1　準備物
画用紙（4つ切り）・絵の具・クレヨン・黒つや紙（8つ切り）・はさみ・油性の白ペン・プリンカップ（紙コップでも可）

2　指導計画（全9時間）
　第1幕　お話・波を描く
　第2幕　にじみ技法で海を塗る
　第3幕　空を塗る
　第4幕　黒船を描く・切る・貼る
　第5幕　黒船に白ペンで模様を描く
　第6幕　黒船の模様を塗る
　第7幕　人物・魚などを描く
　第8幕　人物・魚などを塗る
　第9幕　仕上げ（星空・船の影など）を入れる

第1幕　お話・波を描く

T：お話をします。目を閉じましょう。

> ぼくは今、本当に楽しい夢を見ている。
> ぼくは、黒い船に乗って旅に出ることになったんだ。
> 大きな大きな黒い船だ。この黒い船はぼくの船なんだ。
> ほら、ちゃんと「つよし丸」って書いてあるだろう？
> ちはるさんなら「ちはる丸」ってね。
> 船は朝日の中を、夕焼けの海を、月夜の海をドンドン進んで、ついに南の海までやってきた。
> きれいな南の海だ。さあ、遊ぼう。おもいっきり遊ぼう！　釣りをしたり、海で泳いだり。イルカに乗るっていうのも楽しそう。
> 次はどんな遊びをしようかな？

T：ハイ、目を開けなさい。先生はね、イルカに乗って遊びたいなあって思ったよ。みんなならどんなことがしたいですか？
C：私は船からジャンプして飛び込んでみたい！
C：ぼくは海で魚を捕りたい！
C：タコに墨をかけられちゃうっていうのをやってみたい！

　どれも認める。いろいろな遊びをたくさん出させたほうが、あとで人物の動きなどに生きてくる。

　見本作品を見せる。朝、夕方、夜の3パターンである。自分はどの時間帯の絵にするのか決めさせる。

> 　クレヨンで波を描きます。端から端までつきぬけるように描きましょう。

　朝の絵にする人は黄色・オレンジ・水色などで波の線を引く。7、8本ぐらい。
　夕方の絵にする人は、同様にピンク・紫・水色で波の線を描く。
　夜の絵にする人は、青・水色・緑で波の線を描く。

4 じっくり取り組む酒井式 展覧会におすすめシナリオ

朝・夕方にする人は、クレヨンで沈みかけた太陽を描きます。
夜にする人はクレヨンで月を描きます。月は三日月でもかまいません。

第2幕 にじみ技法で海を塗る

〈板書〉 朝の海にする人………青・黄色・しゅ色をパレットに出す
　　　　夜の海にする人………青・黄色・緑をパレットに出す
　　　　夕方の海にする人……青・赤むらさきをパレットに出す

　赤紫の絵の具は単色で教師が用意しておき、それを使わせるとスムーズ。
　このにじみ技法は、子どもたちを教師の近くに呼んで、やってみせることが必須である。にじみ技法は37ページを参照。
　この「にじみ」成功への最大の秘訣は、

・ゴシゴシこすらない
・乾くまでは決して紙を傾けない

ことである。色が混ざってしまうと濁るからだ。

　夜の絵にする子は、青ジュース・黄色ジュース・緑ジュースを作ります。はじめに水をたっぷり塗って、そこに黄色からにじませます。

　夕方の海にする子は、赤紫ジュース・青ジュース・青紫ジュースを作ります。
　これも同じで、はじめに水をたっぷり塗ってから乾かないうちににじませます。

　朝の海にする子は、太陽の周りだけを先に朱色と黄色でにじませる。そのあとで、外側の海の色をにじませるとうまくいく。

先に太陽の周りだけ朱色と黄色でにじませる。

後で青・緑で周りをにじませる。

第3幕　空を塗る

〈板書〉　朝・夕方の海の人→赤・しゅ色・黄色をパレットに出す
　　　　　夜の海の人→あいいろ・青・黒をパレットに出す

　朝と夕方の絵にする子は、はじめに太陽の周りを黄色か朱色のクレヨンで1cm、その外側に白を1cmぐらい塗っておきます。

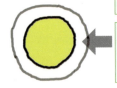

　夜の絵にする子は、クレヨンの白で月の周りを1cmぐらい囲んで塗っておきます。

　朝と夕方の絵にする子は、「夕（朝）焼け」をにじみ技法で作る。
　にじみ技法の詳細は37ページ。
　赤ジュース・黄色ジュース・朱色ジュースを作り黄

色からにじませる。

　夜の絵にする子は、にじみ技法ではなく、月の周りから青・藍色・藍色＋黒、というようにグラデーションさせる。

　月の周りのクレヨンの白がここでグンと生きてくる。

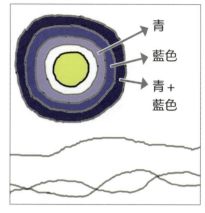

第4幕　黒船を描く・切る・貼る

　今回、「黒つや紙（8つ切り）」を使用した。
色画用紙の黒と比べてみると、「黒」がより美しく見えるからである。

> 黒つや紙を裏返します。
> 鉛筆で黒船を描きます。
> 船の舳先から描きます。

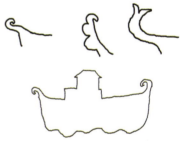

　舳先を少し工夫するだけで船がぐっとよくなる。描けたらはさみで切り取り、貼る。

> こうしようかな、どう動かそうかなといろいろ置いてみて一番いいところに船を貼ります。

　ここが「白い船に乗って」からの最大の進化である。船を斜めに貼ることで、一気に動きが出る。

　右の子は余った黒つや紙で小さい船も作った。このような工夫はおおいに褒める。

第5幕　黒船に白ペンで模様を描く

　酒井先生の「黒い船に乗って」原実践では黒船に直接筆で「たかし号」や模様を描き込んでいるが、実施学年は2年生ということもあり、筆ではなく白ペン（ポスカ（uni POSCA））で描き込んだ。

　白ペンだと細かい名前などもきれいに描ける。低学年にはこちらがおすすめである。

　○○号と描けたら、好きな模様を描き込む。窓、マストの模様、いかりなど。描き込みすぎると「黒い船」ではなくなってしまうので注意。

第6幕　黒船の模様を塗る

〈板書〉　パレットに白・赤・青・黄色を出す。
　　　　かならず白をまぜてぬる。水は少なめ。どろどろ気味でぬる。

> つや紙を塗るときはドロドロ気味のほうがきれいに色が出ます。
> 水が多いとはじいてしまうので必ずドロドロ気味で塗ります。
> 黒船がメインなので、黒船とわからないほどたくさん塗らないようにしましょう。

　「塗りすぎないこと」これを言っておかないと、ほとんど全部を塗ってしまってせっかくの黒が残っていない……という子が出てしまう。

　主役は「黒船」なので、黒をきれいに「残す」ように塗ることが大切。

第7幕　人物・魚などを描く

頭・体・手・足・つなげるといった酒井式人物の描き方で描く。

釣り、飛び込みジャンプ、イルカに乗って泳ぐ、魚を捕まえる、などなど楽しい動きをペンでたくさん描く。

第8幕　人物・魚などを塗る

人物の顔は塗りつぶします。
あとで乾いてから顔を描き込みますので思いきって塗りつぶしましょう。

細かい顔部分は線を踏まずに塗ることは難しいので、上記のように言う。「黄土色＋白＋ちょっぴり黄色」で肌色を作り塗りつぶす。洋服や魚は好きな色で塗らせる。

第9幕　仕上げ（星空・船の影など）を入れる

ダブダブ水たっぷりで海の色を作り、それを船の影になるように重ね塗りをする。重色（うすい色を重ねる）をするだけで絵にグンと遠近感が増す。夜の絵にする人は星を塗る。

最後に人物の顔を黒ペンで描き込んで完成。

●2年生の作品

「スイミー」（中・高学年向き）
～「スイミー」の世界をスタンピングで表そう～

～「ぼくが目になろう。」
スイミーが言った。
「みんなでおよぐんだ。大きな魚のふりをして。」～
スイミーの世界をスタンプで表現してみよう。

> ＊このシナリオで体験・獲得させたい造形力
> スタンピングの技術・魚の色の変化の方法・クラゲやエビの描き方

1 準備物
色画用紙（8つ切り黒2枚）・絵の具・食品トレー（平らな部分を3cm×5cmに切ったもの）・鉛筆・ペン・セロテープ

2 指導計画（全4時間）
第1幕　お話・スタンプを作る
第2幕　スタンプの練習をする
第3幕　スタンプをする
第4幕　ワカメや岩などを描いて完成
第5幕　仕上げ

第1幕　お話・スタンプを作る

T：2年生の時に国語で「スイミー」をお勉強しましたね。覚えている人？
　　目を閉じて聞きましょう。
　（お話：略）

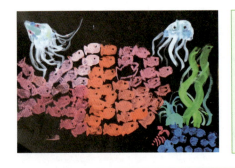

> スイミーの絵を描きます。ただし、スタンピングというやり方でします（見本を見せる）。
> ほら……小さな魚をスタンプでしているでしょう？
> これが「スタンピング」です。

> 魚を作ります。食品トレイに魚をペンで描いてはさみで切ります。

　食品トレーの平らな部分を前もって3cm×5cmの大きさに切っておいたものを配布。ペンで魚を描かせる。魚の形はシンプルでよい。

描けたらはさみで切り取る。目の部分は鉛筆でグリグリと押し凸凹をつけておく。裏にセロハンテープで持ち手を作りスタンプを作る（写真は真横から見た状態のもの）。

　このような魚のスタンプを一人2～3個作成しておく。
　教師も予備をいくつか作成しておくとよい。

第2幕　スタンプの練習をする

　初めてのスタンピングの場合、いきなりでは難しい。実施学年は3年生だったため、第2幕ではスタンピングの練習の時間をとった。
　実際に体験してスタンピングの楽しさを味わってもらう。

> 〈板書〉「スタンピングをしよう」
>   　　　パレットに白たっぷり・赤・青を出す

> 黒画用紙に鉛筆でうすく下書きをします。
> まな板の上のお魚にならないように少し斜めに描きましょう。

 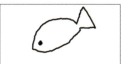 

×　まな板のお魚にしないように　　○　少し斜めにする　　○　はみ出していてもいいね

教師の回りに子どもたちを集めて実演をする。

> 赤と白を混ぜてピンクにします。水は少し。ドロドロです。これをスタンプします。水の入れすぎでさらさらの絵の具だと……ほらベチョッとなってスタンプできないね（やって見せる）。

ここは**水加減が大切**である。前もって教師が必ず実験をしておくべきだ。

鉛筆でうすく描いた魚の中へ右図のようにスタンプしていく。鉛筆の線は大体の線なので踏んでもかまわない。

パレットをスタンプ台のようにして色をつけるよりも、発泡スチロールに筆で色を塗ってスタンプ、というほうがやりやすい。

↑スタンプのイメージ

> いくつかスタンプしたら、少し青を入れて赤紫にします。

だんだん少しずつ色がかわるように。実際にやって見せることが重要だ。

この時間はあくまでも練習なので、以下の①〜③が目的。
①スタンプの楽しさを味わう
②水加減を知る
③色の変化のつけ方を練習する

第3幕　スタンプをする

〈板書〉
　むらさきっぽい魚にする人……白たっぷり・赤・青をパレットに出す
　赤っぽい魚にする人……白たっぷり・赤・しゅ色をパレットに出す

いよいよ本番のスタンプです。魚の形に鉛筆でうすく描きましょう。

そしてスタンプしていく。少しずつ色を変えていく。

　目のところはスタンプせずに小筆で魚の形を描き込みます。
①白絵の具で描く
②他の魚と同じ色の絵の具で描く
　①②のどちらでもかまいません（見本を見せる）。
　①は目がくっきりと浮かび上がるでしょう。②はスイミーの「真っ黒さ」がよくわかりますね。好きなほうを選びます。

①目がくっきり

②スイミーの黒さが際立つ

第4幕　ワカメや岩などを描いて完成

> スイミーは暗い海の底でいろいろなものを見ました。何を見ましたか。

C：にじいろのゼリーのようなくらげ！
C：やしの木みたいないそぎんちゃく！
C：ブルドーザーみたいないせえび！
C：ドロップみたいな岩からはえているワカメやこんぶの林！
　子どもたちは口々に答える。

> よく覚えていましたね。これらの中から好きなものを周りに描きます。

　ここからは「いそぎんちゃくを描きたい子、前に来なさい」、「ワカメを描きたい子、前に来なさい」などと言って前へ呼び、やり方を実際にやって見せる。

〈ブルドーザーみたいないせえび〉

> 赤絵の具に少しだけ白を混ぜてチョンチョンと描き、足や触覚を入れるとそれらしく見えます。

〈ドロップみたいな岩から生えているワカメやこんぶの林〉

> 岩はスタンピングでします。食品トレーをまるく切って（半径1cmぐらい）裏にセロハンテープを貼ります。そして黄土色や茶色、水色などでスタンピング。最後に岩の間からこんぶやワカメを描きます。

　岩にも、ワカメやこんぶにも、必ず「白」を混ぜて色を作るのがポイント。

〈にじいろのゼリーのようなクラゲ〉

　白のダブダブジュースを作り、クラゲの頭の部分を描きます。そこへほんの少し赤や黄色をたらし込みます。ほんの少しね。
　これが乾かないうちに頭から筆で触手の部分をさーっと引きます。

C：わーークラゲになった！
C：先生、イカを描いてもいいですか？
T：もちろんOKです。
T：三角に長丸をつなげてそこからさーっと足や触手を引くといいね。

〈やしの木みたいないそぎんちゃく〉

　いそぎんちゃくの下の部分を描いて、上にヒラヒラをつけます。色は自由ですが必ず白を混ぜましょう。

第5幕　仕上げ

　スタンピングをした小さい魚の目の部分（絵の具で目がつぶれている場合もある）を黒ペンで塗って完成。

●3年生の作品

「白い自転車に乗って」（中・高学年向き）
～難しい自転車もスイスイ描ける！～

白い自転車に乗ってどこにいこうかな？
お花畑、遊園地、外国。宇宙なんかもいいなあ。「難関」と言われる自転車が酒井式でスイスイ描けるこのシナリオ。
「ぼくにも自転車が描けた！」と子どもたちの自己肯定感がアップすること間違いなし。
（原実践：酒井臣吾氏）

＊このシナリオで体験・獲得させたい造形力
自転車の描き方・スパッタリングの技法・遠近（自転車と背景の家）

1 準備物
不透明ペイントメーカー（Magic INK no.700W 細字）・黒画用紙（4つ切り）・絵の具・コピー用紙・鉛筆・新聞紙・古い歯ブラシ・ポスターカラー（ウルトラマリンディープ）

2 指導計画（全7時間）
第1幕　お話・自転車の練習
第2幕　黒画用紙を塗る
第3幕　白ペンで自転車を描く
第4幕　自転車・人物を塗る
第5幕　背景を描く
第6幕　スパッタリングで天の川を描く
第7幕　背景を塗る・仕上げ

第1幕　お話・自転車の練習　～1時間でがらりと変わる～

まず、お話をする。

> 　ある日、ぼくは夢を見ました。
> 　夢の中でぼくは白い自転車に乗っていました。その自転車はとても不思議な自転車なのです。なんと自由に空を飛べるのです。
> 「それっ」ぼくは白い自転車に乗って空をグングン進みました。
> 「うわ〜〜きれ〜〜い！！」
> 　目の前には見たこともないすばらしい景色がひろがっていました。

T：ハイ、目を開けなさい（見本作品を見せる）。
T：先生はね、大阪城が見えるところまで飛んでいったよ。
T：これは東京スカイツリーが見えたんだよ。
T：みんなならどんな景色が見えたかな？
C：うーん、南の島！
C：ぼくは宇宙！
　想像させる。

> 今日は自転車を描きます。でも、いきなりだと難しいので練習をします。

B4コピー用紙を配布（縦向きに使用）。半分に折って、上を①下を②とする。

> ①に鉛筆で自由に好きなように自転車を描いてごらん。

（3年生での実際の写真）

こう言ってまずは自由に描かせる。
C：うわっ変な形になった。
C：こんなの自転車じゃない。
　「自由に」「好きなように」描いた自転車は、お世辞にも自転車とはいえない形になる。

次は②に、酒井式「部分積み上げ法」で自転車を練習する。
(1) まずタイヤの○を描く。ゆっくりとかたつむりの線で。

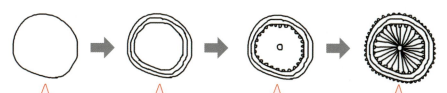

○を描く。

3重丸にする。そのとき、1つ目の○が小さい人は外側に、大きい人は内側に○を描く。

真ん中の○とスポークの部分を描く。

スポーク部分をつなげる。最後に外側のゴム部分の凹凸を描くとタイヤらしくなる。

タイヤを描くだけでも、「さっきと全然違う！」「うまく描けた！」と子どもたちは喜ぶ。

(2) もう1つのタイヤを描いて、後ろの車輪の近くに小さい○を描く。
　これがチェーンの部分となる。

(3) サドルの部分を描き、先ほどの小さい○とつなげる。
　ハンドルの線も描く。
　少し手前に傾けるとうまくいく。

(4) 人物はまず胴体を描く。
　サドルに乗せるようにする。
　こうすることで「自転車に乗った人物」が描ける。

(5) 顔を描く。

　前向き、横向きなど自由だが、このように後ろをふりかえっているようにすると、さらに動きが出る。

(6) 手、足を描いてつなげる。

　向こう側にある足を描くとごちゃごちゃする場合は、足は1本でよい。

(7) 服を着せる。

　最後に自転車の骨格部分をつなげる。骨格部分が平行四辺形になるようにするのがポイント。

　ペダルを描き・チェーンをつける。

　このように酒井式で指導した結果、先ほどの①と比べてどう変化したか。以下は同じ子どもが同じ時間に描いたものである。

　子どもたちは、「すごい！　寺田マジックだ！」「ぼくにも描けた！」と大喜びだった。自転車の描き方を教えず、「自由に好きに描きなさい」だけでは絶対に聞けない声である。

> 1枚のコピー用紙である。
> 上は「自由に」描かせたとき。
> 下は「酒井式で」描き方を教えて描かせたとき。1時間でここまで変わる。

第2幕　黒画用紙を塗る

〈板書〉　次の①～⑤から1つえらんでパレットに出す。
　　　　①緑たっぷり・黒　②青たっぷり・黒　③あい色たっぷり・黒
　　　　④ウルトラマリンたっぷり・黒　⑤むらさきたっぷり・黒

ウルトラマリン（ポスターカラー）は希望者に教師が適量を配布する。子どもたちを前に集めてやって見せる。

　大筆に水をつけて、そのままパレットの大きい部屋に入れます。1回・2回……全部で10回。水たまりができたね。そこへ小さいお部屋の絵の具をドバッと「全部」とかします。そして黒を少しずつ入れます。黒は強い色だから一気に入れたら真っ黒になるからね。そして刷毛で塗ります。

水がどれぐらいか・絵の具がどれぐらいか。やって見せるのが一番わかりやすい。たっぷり色を作ってから刷毛・または大きい筆で黒画用紙を全面一気に塗る。

第3幕　白ペンで自転車を描く

（ここで使用するのは「不透明ペイントメーカーMagic INK no.700W 細字」である。酒井先生おすすめのペンだ。一人1本ずつ注文しておく。蓋が固く閉まりすぎて使えないトラブルがあるので余分に注文しておくとよい）

地元のサイクルスポーツセンターに遊びに行った経験から、「先生、2人でこぐ自転車でもいいですか」「ぼく3人乗りがいい！」と言う子がいた。よしとする。また、ある子は「昔の自転車にする」と言うのでこれもよしとする。2人乗りの自転車も描き方は全く同じ。描き方がわかるとすいすい描ける。

タイヤ・ハンドルまでは同じ。2人乗りなら小さい丸を2つ描く。

サドルを描いて小さい丸とつなげる。

サドルに乗せるようにして胴体を描く。足も描く。

手・足を描いてつなげる。足は1本でもよい。

骨格部分をつなげる。顔や服は1人乗りと同じ。

結果いろいろな個性的な自転車ができた。

第4幕　自転車・人物を塗る

〈板書〉
- パレットに白たっぷり・赤・青・黄色・おうど色・しゅ色少しを出す
- 必ず白をまぜる
- 肌のところは「白・おうど色・ちょっぴりしゅ色」でぬる
- 顔はぬりつぶす

子どもたちを前に集めて実際に塗ってみせる。

今日は自転車と人物を塗ります。まず肌の色を作ります。白と黄土色にちょっぴり朱色ね。これで顔を全部塗りつぶします。

C：うわー先生、塗りつぶしてもいいの？

大丈夫。目や口は後で乾いてから描き込みます。

　細かい顔の部分（目・口・鼻）のペンの線を踏まずに塗るのは至難の業である。後で塗るとわかると子どもたちは安心して顔を塗りつぶす。

　自転車や人物の服は「必ず白を混ぜて」塗る。

　すべて同じ色ではなく色の変化も入れながら塗る。ポイントは「一発彩色法」。

　一発で塗らないと下に塗っている色が浮き出てきて濁るのである（もし濁ってしまったらその場所はしばらくそのままにしておき、乾いてからもう一度塗るとよい）。

　ここは面相筆が使いやすくておすすめである。私は学級費で全員分購入して使用させた。細かい部分が非常に塗りやすい。

第5幕　背景を描く

ポイントは**なるべく小さく**。

　主役は自転車なので自転車よりも大きく目立つようにならないようにする。

　東京スカイツリー、ピラミッド、灯台、五重塔、遊園地、お城、ビルなど写真を見せたり教師の見本作品を見せたりして発想の足がかりとさせる。そのうえでいろいろな背景で自由にさせる。鳥を飛ばした子や「宇宙にしたい」と言いUFOなどを描いた子もいる。おおいに褒める。

第6幕　スパッタリングで天の川を描く

〈板書〉　パレットに白たっぷり・黄色・赤を出す
　　　　　必ず別の紙でためしにやってみること

　大筆を水入れにつけてそのままパレットに水を入れます。全部で3回。
　そこに白をたっぷり混ぜてから、黄色または赤を混ぜます。歯ブラシに絵の具をつけてマスキングした隙間に指ではじきます。

　このときに水が多かったらボタボタ落ちる。
　水が少なすぎるとうまくはじけない。だから別の紙（マスキングの新聞紙の上でもOK）の上で必ず「おためし」をすることが必須。また、乾かない

うちにマスキングの紙を動かすとスパッタリングの絵の具が汚れるので注意。
　十分乾いてから新聞紙を取る。
　同様にピンクや他の色の天の川も作る。
　夜空の部分には綿棒で余った色をつけ、ポンポンと押す。これが「星」となる。ただし押しすぎに注意。

第7幕　背景を塗る・仕上げ

　背景は好きな色で塗ります。
　ただし、全てに白を混ぜてから塗ります。細かいビルや建物は全部塗ったらかえって汚くなります。だからビルで塗るのは、窓だけなどポイントだけでかまいません。

4 じっくり取り組む酒井式 展覧会におすすめシナリオ

> 仕上げです。顔を描きます。黒ペンで描き込んでから白目を白ペンで入れます。

この白目を白ペンで塗るのがミソ。
向山先生、酒井先生からもSNSにてコメントをいただいた。

> 向山先生「すばらしいね」
> 酒井先生「子どもをよくみていて柔軟によさを引き出しています」

●3年生の作品

「ゆめのじてんしゃ」(低学年向き)
～1年生でも自転車が描ける！～

「白い自転車に乗って」の低学年バージョン。絵の具を使わないため1年生の絵画展にもピッタリ（本実践は田村ちず子氏が特別講座でされた内容を修正追試したもの）。

←1年生の作品

> ＊このシナリオで体験・獲得させたい造形力
>   自転車の描き方・クレヨンこすりだし技法

1　準備物
白画用紙（4つ切り）・カラーペン（黄色などうすい色以外）・クレヨン・黒ペン・綿棒

2　指導計画（全7時間）
第1幕　お話・自転車の練習
第2幕　自転車を描く
第3幕　自転車完成・人物を描く
第4幕　自転車を塗る
第5幕　人物を塗る
第6幕　クレヨンのこすりだしをする
第7幕　仕上げ

第1幕　お話・自転車の練習　～1時間でがらりと変わる～

　第1幕は前述の「白い自転車に乗って」と同じ。「ゆめの自転車」としてお話をする。コピー用紙に練習すると1年生でもたった1時間でガラリと変わる。子どもたちは「自転車が描けた！」と大喜びする。

4 じっくり取り組む酒井式 展覧会におすすめシナリオ

第2幕 自転車を描く

　カラーペンの色は赤・ピンク・オレンジ・水色・青・緑・黄緑・紫・黒を用意（黄色・うすだいだいは避ける）。この中から好きな色を使わせる。前時にタイヤの描き順がわかった子どもたちは集中して描く。

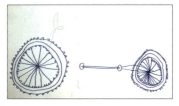

　タイヤが描けたら、小さい円を描く。2人乗りが描きたい子は、小さい円を2つ描く。後輪のタイヤと小さい円を結ぶ。

　できたら、ハンドル部分と座る場所の部分を鉛筆でうすく描く。

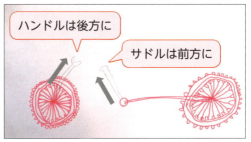

　このとき、**サドルは少し前方に、ハンドルは後方に傾けるようにする**のがポイント。

　サドルを小さい円の真上に描いてしまうと、人物を描いた際にハンドルをもつ手がすごく長くなってしまう（右下写真↘）。ここは教師がチェックしてあげるとよい。

　この時間はここまでとする。

第3幕 自転車完成・人物を描く

　1年生だと胴体を小さく描きすぎてしまう子がいる。そのためまず鉛筆でうすく胴体部分だけを描かせ教師が机間巡視してチェックしてから黒ペンで描く。

　足を描いてから骨格部分を描いて自転車を完成させる。

第4幕　自転車を塗る　　第5幕　人物を塗る

クレヨンで塗って綿棒でのばす。細かい作業なのでひたすら褒めて褒めて作業。

肌の色はうすだいだいで塗る。ほっぺは、赤でうすく塗ってから綿棒でこするとほんのりステキなピンク色になる。

人物を塗ったら、荷台を描いてネコや犬を乗せてもよい。「ネズミがいい！」と言ってネズミを描いた子もいた（←）。

第6幕　クレヨンのこすりだしをする

１年生がバックの色を塗ることについて酒井先生はこう述べられている。

> 　バックの色をこれだけ丁寧にしかも心をこめて塗っていてもそれが画面を少なからず破壊してしまっている。そこのところをよく見てよく考えていただきたい。
> 　１年生にとって、このバックの彩色はどういう意味があるのか──を。今月、私の言いたいことはただ一つ。
> 　**画用紙の全面に彩色しなければ完成ではないという常識を捨てていただきたい**──という１点である。どんなに余白があろうと言いたいことが言いつくしてあればよいわけである。
>
> 　　　　　　（『教室ツーウェイ』2002年6月号「考えよう筆のおきどころ」）

子どものころから「画用紙の白い部分が残ってはいけない」と言われ続けてきた先生も多いのではないだろうか。しかし、その考えはきっぱりと捨て

去るべきである。酒井先生からは「この実践、背景、バックの功罪についての証明として歴史に残したいと思います。」とSNSでコメントいただいた。
　バックは塗らずにクレヨンのこすりだしをする。

クレヨンこすりだしのやり方
①お花の国、星の国、まるの国、お空の上、宇宙などそれぞれに行ったところの形を別画用紙に描く。
②はさみで切り取る。
③不要な紙の上で型紙の外側にクレヨンで色をつける（同系色を2色つけるときれい）。
④画用紙の上に置き、ずれないようにして中から外へこすりだす。

　Dちゃんはお花畑に行った。こすりだしが楽しくて調子に乗って全面こすりだしをした。きれーい、と本人も大満足。
　絵の具で塗っていたらせっかくの自転車が絵の具に破壊されてしまう。
　塗らないでよかった。

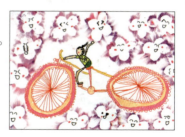

第7幕　仕上げ

お花に顔を描く・風船や虹・鳥を描くなど仕上げをして完成。

●1年生の作品

「木のある風景」(中・高学年向き)
～クレヨンと絵の具のコラボで主調色の世界を表現～

近景の木と遠景の街並み―。
「遠近」法を知ることで子どもたちの絵はグーンと広がる。また、この木はクレヨンで表現している。

クレヨンと絵の具のコラボで「主調色」を表現した作品。展覧会にもってこいです。
（原実践：酒井臣吾氏）

＊このシナリオで体験・獲得させたい造形力
主調色（木・背景の家）・遠近（木と家・子ども）・木、家の描き方

1 準備物
画用紙（4つ切り）・クレヨン・ネームペン・綿棒・木の写真をコピーしたもの（数種類）・近くの家などの建物の写真をコピーしたもの（数種類）・絵の具

2 指導計画（全10時間）
第1幕　木の構図を決める
第2幕　クレヨンで木を描く
第3幕　クレヨンで木を塗る
第4幕　葉を描く・影の色をつける
第5幕　遠景の木を描く
第6幕　家を描く①
第7幕　家を描く②・子どもたちを描く
第8幕　空を塗る
第9幕　家を塗る
第10幕　仕上げ

第1幕　木の構図を決める

〈板書〉　さいこうけっさくをかこう

　今年の図画展では最高傑作を描きます。最高傑作っていうのはね、今までで一番いい作品ということです。

（見本を見せる）
C：おおーー！
C：先生、うまーい！
T：いいでしょう。みんなもね、描けます（青バージョンの絵を見せる）。
T：これは木も家も全部青っぽいよね。こういうのを青の主調色といいます。
T：ではこれは？（赤バージョンの絵を見せる）
C：赤の主調色！
T：そうですね。全部赤っぽくなっているでしょう。
　（同様にして緑バージョンと紫バージョンを見せる）
＊原実践「遠近のある風景」(『酒井式描画指導法4　シナリオ「思いを造形する」』明治図書）では、OHPに投影して構図の学習をしている。それから約20年は経過しOHP投影機はほとんど見かけなくなった。パソコンを利用して構図の学習もできるが、やはりOHPで影を映すほうが目を見張る美しさになる。そこで実践時は年代物のOHPを理科室から引っ張り出し使った。もしも学校に残っていたらぜひOHPを使っていただきたい。
OHPをつけて街並みを投影する（街並みはOHPシートに描いておく）。

C：これ、学校の体育館だ。
　そこへ木の枝（なるべく細く枝分かれしているもの）を重ねる。教室は感嘆の声に包まれる。

C：うわあ、すごい！
　酒井先生の言うとおり1＋1が2ではなく10になる瞬間だ（図はイメージ）。

T：ななめにしてもいいね。
C：先生、ぼくこれがいい！

T：大きい木をどーんと1本、というのもきれいでしょう？

B4の紙を配布。

> 4つに折り①②③④と書きなさい。
> ①に自分が思うような木を自由に好きに描きなさい。

1、2分でさっと描かせる。
自由に描かせるとやはり右のような木になる。

> 木の描き方基本を教えます。
> 木はね、下から上にぐぐーーっと幹を描きます。
> 少し斜めになったり、曲がったりしますね。②に描きます。

1本目の枝は手前から。

もう1本は、向こうから出します。

後は枝をだんだん細くしていけばいいんだね。

③は斜めバージョンで描きましょう。やり方は同じです。
　いろいろな形があったね。④は一番好きなタイプの木を描きます。このほかに自分で考えたタイプでもいいですよ。

㋐ 木1本タイプ　　㋑ 木2本タイプ　　㋒ 右斜めタイプ

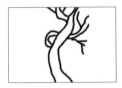  

㋓ 左斜めタイプ　　㋔ ドカーンと1本タイプ　　㋕ 木2本タイプ

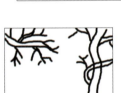

　子どもたちは柔軟だ。我がクラスでは「斜め＆縦タイプ」が考え出された（←）。
　このような子どもたちのアイデアをおおいに褒める。

第2幕　クレヨンで木を描く

〈板書〉　何色の木にするか選ぶ→赤バージョン・青バージョン・緑バージョン・むらさきバージョン・茶バージョン
　　　　選んだ色のクレヨンを出す。

　本当は実際に木を決めて写生をするのがいい。しかし校内にあまりよい木がない場合は、HPなどからいろいろなタイプの木の写真を印刷しておき、その写真を見ながら木を描く。もちろん構図は前の時間に決めた構図である。

・木は幹から枝、枝から枝へとだんだん細くなっている。
・木は途中で2つや3つに分かれていく。
・木はまっすぐではなく、ところどころ曲がっている木や「うろ」がある木もある。

　このような特徴を発見しながら描く。

　配慮の必要な子には右のように木の輪郭をなぞってあげると描きやすい。

　シーンとした教室で「いいよ」「うまい」「その調子」と褒め言葉のシャワーを浴びせる。

第3幕　クレヨンで木を塗る

〈板書〉　次の色のクレヨンを出します。
　　　　赤の木の人→赤・茶・オレンジ・しゅ色
　　　　青の木の人→青・ぐんじょう・あい色・水色・むらさき
　　　　緑の木の人→緑・おうど色・黄緑・深緑・茶
　　　　むらさきの木の人→むらさき・明るいむらさき・青・ぐんじょう・
　　　　　　　　　　　　ピンク
　　　　茶の木の人→茶・赤・おうど色・しゅ色・オレンジ

　木を塗ります。黒板に描いた色を濃く塗って少しずつ色を変えていきます。塗り終わったら、綿棒でやさしくこすります。きつくゴシゴシやってはいけません。

木の幹は円柱なので矢印のように丸みが出るように綿棒でこする。

第4幕　葉を描く・影の色をつける

〈板書〉　次の色のクレヨンを出す。
　　　　赤の木の人→赤・茶・オレンジ・朱色
　　　　青の木の人→青・ぐんじょう・あい色
　　　　緑の木の人→緑・黄緑・深緑
　　　　むらさきの木の人→むらさき・明るいむらさき・青
　　　　茶の木の人→茶・赤・しゅ色

　葉っぱを描きます。窓の外の木を見てごらん。葉っぱはこうついているかな？（左下図を板書）
　そうだね。1枚ずつついていないね。こんなふうに固まってついています。

　葉のつき方も教えないと、子どもたちは左のように描いてしまう。
　教えるべきことはきっぱりと教える。

　葉が描けたら、幹に影をつけます。黒のクレヨンで幹の端を同じ向きに塗って綿棒でこすります。

この部分を黒で上からうすく塗って綿棒でこする。

黒で影をつけ綿棒でこするとクレヨンで塗っているとは思えないほどの美しい色になる。

左：クレヨンのみ
右：黒をプラスしてこすったもの

第5幕　遠景の木を描く

鉛筆で地面の線を描きます。注意は2つ。
①真ん中より上に描かない
②水平（まっすぐ）にしない

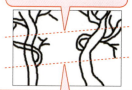

ここだと上すぎるね

真ん中より下。この辺だね

クレヨンで遠景の木を描きます。これは簡単でかまいません。丸とか長丸の組み合わせで十分木に見えます。色を変えるだけでも変化が出ます。

〈板書〉　次の色のクレヨンで遠景の木を描く
　　　　赤の木の人→赤・茶・オレンジ・おうど色・黄
　　　　青の木の人→青・水色・むらさき・ぐんじょう・あい色
　　　　緑の木の人→緑・黄緑・茶・おうど色・深緑
　　　　むらさきの木の人→むらさき・ピンク・明るいむらさき・水色
　　　　茶の木の人→オレンジ・茶・おうど色・赤

長丸や丸を描く。

向こうの木を描くと奥行きが出る。

クレヨンで塗って綿棒でこする。濃い色で幹を入れるときれい。

第6幕　家を描く①

遠くに見える家を描きます。遠くに見えるから小さく描きます。上手な家に見えるコツは2つあります。……1つは「**立体的に描く**」こと。

平面な家ではなく、このように立体的に描きます。

ビルだってこうするだけでぐんとよくなるでしょう。

もう1つのコツは、「**1つ描いたら必ず隣にくっつけて描くこと**」です。

離して描かない

1軒描いたら隣にくっつけて描く

本当は運動場などから見える家を実際に写生するのが一番よい。しかしさまざまな事情で難しい場合もある。そのときは教師が学校の体育館・学校の近くの家やビル・団地などの写真をたくさん撮っておきそれを見ながら描く。

> 1つの家を徹底的にがんばって描きましょう。難しいところは省いてよいです。家の下部分見えないところもみんなの絵では木を描いているはずですから、こうやってごまかします。

この部分は描きにくいが

木があるので描かずにごまかすことができる。

第7幕　家を描く②・子どもたちを描く

> 家の続きを描きます。ポイントは2つ。
> 1つ目。「**奥行きを出す**」です。

家の向こうにまた家があったほうが奥行き（遠近）が出る。

> 家が終わった人は電柱を描きます。2つ目のポイント。「**高さを変える**」です。電柱の高さを変えることで遠近が出ます。

↕ 高さを変えるだけで遠近感が出る。

最後に遊んでいる子どもたちを描く。
頭→胴体→手・足→つなげる→服の酒井式の描き方で描く。

第8幕　空を塗る

〈板書〉　次の色をパレットに出します
　　　赤の空→赤・しゅ色　　黄の空→黄・しゅ色　　緑の空→緑・黄
　　　青の空→青・緑　　むらさきの空→青・赤

8つ切り画用紙に上記の空の色をそれぞれ塗っておく。
この見本を子どもたちの絵に図のように合わせて見せる。

赤の木だったら、どの色の空が一番似合うかな。これかな。それともこれかな。
空の色は、自分が一番似合うと思う色を選びなさい。

C：ぼくのは青い木だけどやっぱり青の空がいいなあ。
C：緑の木に黄色い空も似合いそう！

　ここは子どもたちに任せる。そしてにじみ技法で空を塗る（にじみ技法のやり方は37ページ参照）。

第9幕　家を塗る

〈板書〉
　赤の木の人→赤・黄色・茶色（青少し）
　青の木の人→青・緑・黄緑・（赤少し）
　緑の木の人→緑・おうど色・青・（赤少し）
　茶の木の人→茶色・おうど色・こげ茶（青少し）
　むらさきの木の人→赤・青・しゅ色（あい色少し）

｝をパレットに出す
　（　）は少しだけ出す

> 家を塗ります。(　)以外の色の中で2色は混ぜてもいいですが、3色混ぜると濁るので混ぜません。ペンの線を踏まないように丁寧に塗りましょう。

家は主調色で塗る。(　)の色はスパイスの色である。スパイスだからほんの少し。

どこか1か所か2か所にちょっぴりその色があると画面が引き締まる。

青の主調色の中に赤の塔。「これ、いい感じ」「この赤の塔気に入った」と本人も大満足。

第10幕　仕上げ

パレットに出す色は前時の(　)以外の色を出す。地面・葉っぱ・人物などを塗って完成である。地面は大筆で水たっぷりでうすく、さーっと塗る。

子どもたちの日記を読むと、自己肯定感がアップしているのがわかる。

> 「完成した絵」
> 　11月10日ついに絵が完成しました。今まで木のある風景をがんばってきました。やっと完成したのでぼくは「やった！」「よーし」「よっしゃー！」とか言っていました。
> 　ぼくはこの絵に自信があります。なぜかというと先生に「きれい」とほめられたし友だちにもいっぱい「うまいな」とか言われたからです。こんなにうまく描けたのは生まれてはじめてです。

「大好き図工」
　私は今日図工で人間と葉っぱをぬりました。そして絵が完成しました。となりの席のYくんもとても上手でした。「将来画家になれるな」と思いました。それにみんな上手でした。
　かんしょう会をして「うっわー、みんなきれいだな。これも上手。あっ、この子も上手。この子も、あの子も……」となりました。もちろん私もめっちゃきれいにかけました。
　図工は大好きです。

●4年生の作品

4 じっくり取り組む酒井式　展覧会におすすめシナリオ　89

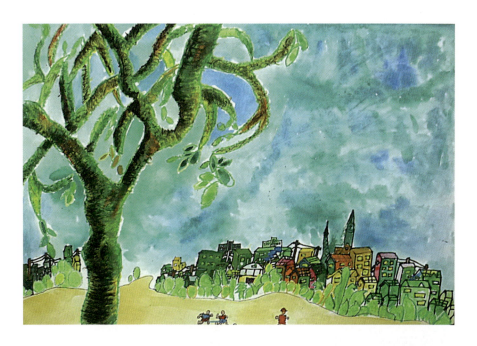

「銀河鉄道の夜」(中・高学年向き)
～みんな大・大・大満足！～

見た瞬間、「うわあ……」「きれ～い……！」。誰もが宮沢賢治の「銀河鉄道の夜」の世界に引き込まれる。

酒井式の最高峰ともいえるこのシナリオ「銀河鉄道の夜」を3年生の子どもたち42名に実践した。実践を通した"打率10割"のシナリオを紹介する。

（原実践：酒井臣吾氏）

> ＊このシナリオで体験・獲得させたい造形力
> 配置（汽車の動き）・スパッタリングの技術・ステンシルの技術

1 準備物

色画用紙（黒・4つ切り）・絵の具・画用紙（8つ切り）・鉛筆・はさみ・貼ってはがせるのり・黒ペン・綿棒・銀色の折り紙（2cm×2cmぐらいでよい）・ポスターカラー（ウルトラマリンディープ・モーブ・ビリジアン・蛍光オレンジ・白）

2 指導計画（全11時間）

第1幕　お話・汽車の動きを考える
第2幕　白画用紙に汽車を描く
第3幕　汽車を切り取って貼る
第4幕　夜空を塗る
第5幕　汽車をステンシル・スパッタリングする
第6幕　銀河をスパッタリングする
第7幕　さそり座などの型紙を作る
第8幕　さそり座などをスパッタリングする

第9幕　さそり座などの中を塗る
第10幕　列車の明かりを塗る・車輪を塗る
第11幕　黒で人物を描く・銀紙を貼って完成

第1幕　お話・汽車の動きを考える

見本を数点見せる。

C：うわー、すご〜い！　きれい！

> この絵のお話は「銀河鉄道の夜」といいます。作者は「宮沢賢治」です。聞いたことがある人？　そうですね。「雨ニモマケズ」も宮沢賢治です。
> 少し長いお話なので、先生が簡単にお話します。

お話を短くして子どもたちに話す。
絵本になっている「銀河鉄道の夜」から主人公たちを見せた。
「これがカムパネルラくんね。これがジョバンニくん」などと言うとイラストのかわいさもあり、子どもたちはイメージが湧いたようだ。

> 今日は「構図」というお勉強をします。

（A4のコピー用紙を配布）

> 半分に折って①②と書きなさい。

裏も同様にして表裏4つの面を作る。

①
②

①に汽車の基本型を描きます。汽車って難しいなあと思うでしょう？
大丈夫。長四角を描いて煙突を前に、もう1つ長四角を後ろにつけて車輪を描けば汽車になるんです。

「無理、汽車なんて描けない」と言っていた子も長四角と丸だけなのでみんな描ける。
「先生だって汽車なんか描いたことがないから長四角に車輪つけただけなんだよ。ほら」と見本を見せて言うと「本当だ」とみんな安心する。2、3分でさっと描かせる。

②は汽車を少しだけリアルにします。

○に煙突をつけて　　下につけたら　　ちょっとリアルになったでしょう

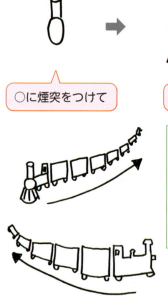

後ろは少しずつ小さくすると遠くから来ている気がするね。
②に描きましょう。
③は、反対向きに描きます。先頭車両もちょっと変えてみましょう。

いずれも2、3分でさっと描かせる。
ここでもう一度見本作品をいくつか見せる。

汽車の動きはいろいろあるね。

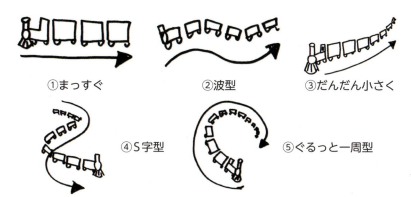

①まっすぐ　②波型　③だんだん小さく　④S字型　⑤ぐるっと一周型

構図をしっかり教えておくことでさまざまな個性あふれる汽車が登場する。

> ④には一番好きな動きを描きます。自分で動きを考えてもかまいません。早くできた子は2枚目のコピー用紙にいろいろな動きを考えてみましょう。

「はみだし型」「先頭車両がだんだん小さくなるバージョン」などさまざまなアイデアが生み出される。おおいに褒める。

第2幕　白画用紙に汽車を描く

白画用紙に鉛筆で描く。前時に構図を学習しているので、すいすい描くことができる。子どもたちからはいろいろな型が出された。

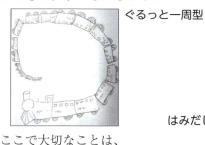
ぐるっと一周型

はみだし型

ここで大切なことは、

> 1つ1つの列車に名前を書いておく。

ことだ。こうしないと第3幕で切ったときに、うっかり紛失してしまう子が必ず出てくる。

　列車の数が多い子は、名前と一緒に①②③と列車に番号を書いておくと、貼るときに順番を間違えなくてすむ。

第3幕　汽車を切り取って貼る

　はさみで切り取り、貼ってはがせるのりで黒画用紙に貼る。細かいことだが、

> 黒画用紙にのりをつけるのではなく、汽車にのりをつけてから貼る。
> のりは少しでOK。

ということも大切。そうしないと汽車をはがしたときに黒画用紙が汚れてしまう。

第4幕　夜空を塗る

> 〈板書〉　青の夜空にする人→ウルトラマリンディープでぬる
> 　　　　緑の夜空にする人→緑＋黒　でぬる
> 　　　　むらさきの夜空にする人→むらさき＋黒　でぬる

　どの色にするか、自分で選ぶ。空の色はポスターカラーを教師が用意する。ビリジアン・ウルトラマリンディープ・モーブを使用。適量ずつパレットに配布。黒は自分の絵の具を使用させる。
　子どもたちを前に集めてやって見せる。

> 　大筆に水をつけてパレットの大きい部屋に入れます。1回・2回……全部で10回。水たまりができたね。そこへポスターカラーをドバッと「全部」とかします。そこへ黒を少しずつ入れます。黒は強い色だから一気に入れたら真っ黒になるからね。そして刷毛で塗ります。

＊青の夜空はウルトラマリン1色で塗らせる。

第5幕　汽車をステンシル・スパッタリングする

〈板書〉
パレットに出す ｛ 白（ポスターカラー）
赤・黄色・黄緑・緑・青
（どれか1つ選んで出す）

＊白のポスターカラーはマヨネーズタイプ容器のものが入れやすくて使いやすい。子どもたちのパレットに適量を配布する。スポンジタンポは前もって作成しておく。

スポンジタンポの作り方
食器用スポンジをカッターで6～7等分に切り、綿棒にかぶせて輪ゴムでとめる。

> 　パレットの大きいお部屋に白をたっぷり。そこに1色選んだ色を混ぜます。水は一切使いません。そしてタンポで汽車の周りをポンポンポン……としていきます。「ステンシル」っていいます。

〈ステンシル〉
スポンジタンポで型紙に重なるように「ポンポン」として色をつける。水は使わない。

ステンシルだけだと絵の具の境目がくっきりしすぎるので、そこをスパッタリングして境目をぼんやりさせます。さっきの色に大筆で3回水を混ぜて、歯ブラシでシュッシュッ。

〈スパッタリング〉
歯ブラシで「シュッシュッ」とはじく。
水は少し入れるが、入れすぎると垂れるので×。

　スパッタリングは水が多すぎるとボタボタ垂れてしまう。少なすぎると粒が細かすぎてうまく色がつかない。
　必ず新聞紙の上で「おためし」をしてからスパッタリングをする。

第6幕　銀河をスパッタリングする

〈板書〉
・パレットに　{ 白（ポスターカラー）
　　　　　　　　汽車で使った色と違う色を次から2つ選んで出す
　　　　　　　（赤・黄色・黄緑・緑・青）

子どもたちを前に集めて実際にやって見せる。

　大筆を水入れにつけてそのままパレットに水を入れます。全部で何回でしたか？（3回！）そう、よく覚えていましたね。
　そこに白をたっぷり混ぜます。そして色を少しずつ混ぜます。新聞紙で覆った隙間に歯ブラシでシュッシュッとします。新聞紙の上で必ず「おためし」をしてからしましょう。

第7幕　さそり座などの型紙を作る

別の画用紙にさそり座・十字架・灯台・はくちょう座・リンドウの花など銀河鉄道から見えたものを鉛筆で描く。描いたらはさみで切り取り、貼ってはがせるのりで貼る。これものりは少しでよい。べったりとつけないこと。

第8幕　さそり座などをスパッタリングする

〈板書〉
- パレットに　｛白（ポスターカラー）
　　　　　　　まだ使っていない色を次から2つ選んで出す
　　　　　　　（赤・黄色・黄緑・緑・青）
- 真っ白だけでスパッタリングしてもよい

前回でやり方がわかっているから、子どもたちは「水は3回でしょう」「やり方わかっているよ。早くやりたい！」と言っていた。

月を描きたいと言う子が3人いたので月もスパッタリングで描いた。

月のスパッタリングのやり方
①月の形に丸く型紙をあてる（上右写真）。
②型紙の内側を白で軽くスパッタリング。
③クレーターの型紙を貼る（大・中・小、大きさを変える）。
④水色・白などでスパッタリング。

型紙をはがすと、前頁下のようになる。「きれい〜」と子どもも大満足。

第9幕　さそり座などの中を塗る

十字架やさそり座などの中を塗ります。
十字架は5mmぐらい開けて塗ると塗りのこしの効果が出てとても美しいです。

その他、
・星座の中の星と星をつなげる。
・綿棒で星を点々とつける。
・ススキを描き入れる。
・リンドウの花を描く。
・天気輪の柱（右下）を描く。

など、ここは各自がやりたいことをドンドン広げる場面。クラスでは「地球を描きたい！」と言って地球を描いた子もいた。

第10幕　列車の明かりを塗る・車輪を塗る

酒井先生は講座で次のように言われた。

> 汽車の型紙はすぐにはがさない。はがすときはドラマチックに。
>
> （文責寺田）

だから、第8幕ぐらいから子どもたちが「先生、いつ汽車の型紙をはがすの？」「はやくはがしたい！」「どんなのかな？　楽しみ！」と言いに来ても「お楽しみ」と言ってずっとじらしてきた。

そしていよいよはがす時間。私は次の演出をした。それは、

> Eくんの絵の列車を一番にみんなの前ではがし、賞賛のどよめきをEくんに聞かせる

ことだ。実はEくんはクラスで一番配慮が必要で、4月はじめは「図工なんか嫌い」「どうせヘタだから無理」と言って座り込んでしまったこともある。
T：いよいよ、汽車の型紙をはがします。（やったー！　と子どもたち）
T：1つだけ先生がはがしてみます。
　こう言っておもむろに積んであった一番上の絵（Eくんの絵を前もって一番上に置いておく）を取り黒板に貼り、みんなの注目している前で教師がはがす。
「うわー!!……」と教室は歓声に包まれた。
「めっちゃイイ感じ！」「Eくんの絵、うまい」と子どもたち。

> 自分が一番絵が下手だと思い込んでいる子の絵だからこそ、みんなの前で型紙を取ってやり「うわーきれい」とみんなに言ってもらう。

　みんなの感嘆の声を聞いたEくん。とてもうれしそうだった。
　自己肯定感がアップするドラマチックな場面である。ぜひここも追試していただきたい。
　その後、全員で自分の絵の型紙を取る。
「うわ〜〜きれい」
教室中が感嘆の声に包まれる。

> 汽車のスパッタリングと同じ色で車輪を塗ります。
> 全部塗りつぶすのではなく、周りの黒を少し残します。
> 乾いてから黒ペンで線を入れると……ほら、車輪になるね。

C：わあ〜本当だ！

汽車の窓を蛍光オレンジで塗ります。四角に塗ります。

（ポスターカラーの蛍光オレンジは教師が用意しておく）

　汽車の前にライトをつけたい子は、蛍光オレンジでスパッタリングする。これもすごくいい感じになる。

　汽車が大きい子には「銀河号」「銀河777号」「〇〇（名前）号」などと汽車の名前を入れる。

第11幕　黒で人物を描く・銀紙を貼って完成

窓を四角にします。前回塗ったオレンジは、少しはみ出ているところがあるでしょう。はみ出た部分を黒ペンで塗って、きれいな四角にします。

黒ペンではみ出ていた部分を塗ってきれいな四角にする。

黒ペンで人物を描きます。ジョバンニくんや車掌さんなどね。

C：先生、自分も乗せていいですか。
T：もちろんいいです。友だちも乗せてあげましょう。

最後の仕上げ。

銀色の折り紙（2cm×2cmぐらい）を配布し、それをバラバラに小さく切り、のりで貼る。これもオリジナルであるが、この銀紙がちょっときらりと光るだけで絵の印象がさらにアップする。

ぜひお試しいただきたい。

●3年生の作品

どの絵もどの絵も最高傑作になった。廊下に掲示すると壮観であった。

スチレン版画「給食当番の絵」(低・中学年向き)
～低学年もできるスチレン版画　白と黒の対比が美しい～

スチレン版画はプラスチックの板に尖ったペンで凹凸をつけて刷るという低学年にも取り組みやすい版画である。

スチレン版画のポイントは何か？

酒井先生は言う。

「白と黒の対比がすっきりと出る題材を選定すること」である。

白と黒の対比がすっきりと出る題材としてあの有名な酒井式シナリオ「給食当番の絵」が登場！

（給食当番の絵　原実践：酒井臣吾氏）

＊このシナリオで体験・獲得させたい造形力
　動きのある人物の描き方・カッターの使い方・版画の技術（刷り方）

1　準備物
スチレン版セット（＊教材セットで販売されている　紙も含む）・カッター・カッター板・版画インク・ローラー・バレン・カラーペン

2　指導計画（全6時間）
第1幕　下書きをする
第2幕　下書きをスチレン版に写す
第3幕　スチレン版を彫る
第4幕　カッターで周りを切り取る
第5幕　刷って完成

第1幕　下書きをする

　前もって栄養士さんにお願いして給食のお玉・パンばさみ・お椀・お皿・おぼんなどを借りておく。

> 給食当番の絵を描きます。昨日給食当番だった人、立ちましょう。
> おかず当番の人、いつもどんなふうにおかずを入れていますか？

　代表で実際にエプロンをつけてもらって見本をしてもらう。
C：ぼくはおかず入れるのうまいよ。
C：次、私やってみたい！
　子どもたちは大喜びで見本をやってくれる。

（おかずを入れているところ）

（パンを入れているところ）

　B4コピー用紙に鉛筆で下書きをする。このときに描き方を教える。
お玉→指→手、の順で描くと「もっている手」が描ける。

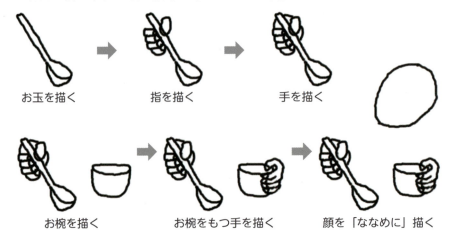

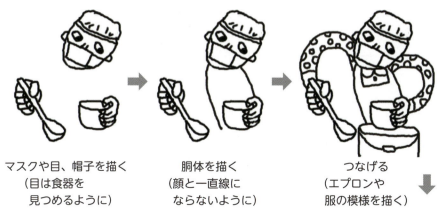

マスクや目、帽子を描く　　　胴体を描く　　　　　　つなげる
（目は食器を　　　　　（顔と一直線に　　　　（エプロンや
見つめるように）　　　　ならないように）　　　服の模様を描く）

配膳台の線を描く
おぼんや他の食器を描く

パンを挟んでいるところを描きたい子、ごはんを入れているところを描きたい子も描き方は基本的に同じ。お玉をしゃもじなどに変えるだけでよい。

第2幕　下書きをスチレン版に写す

　スチレン版に前回の給食当番の絵を写す。ではいったい何で写すのか？　鉛筆？　ボールペン？　といろいろ試してみたが、スチレン版は柔らかいプラスチック製なので、どんなにうすく鉛筆で描いたとしても跡がくっきりと残ってしまう。これではもし「あっ、しまった」と失敗してももう後がない。

　そこで、うすく描いてもスチレン版に凹の跡がうつらないものをいろいろと探してみた。するとSAKURAのCOLOR SAINPEN（カラーサインペン）が大丈夫であった。

　幸いにも教室にこのカラーペンが人数分あったので、黄色以外の色でスチレン版に描かせた（黄色は線がわかりにくいため）。

> 下書きをスチレン版に写します。
> カラーペンで凸凹がつかないようにうすく描きます。

　このように言っても「先生〜、どうしよう……」といって間違って線を引いてしまう子がやはり数人いる。
　しかしこのカラーペンなら手でこすったら消える。こすった跡が見た目は汚くなってしまうが、インクをつけて刷った時点で、汚れ部分もすべて消えてしまう。間違って線を引いてしまった子も安心して再度線を引くことができる。

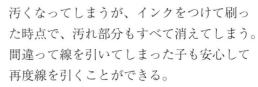

この子は、顔の○を描く際に小さくなりすぎてしまった。鉛筆ならば凹の跡がついてしまい刷った後にも影響するが、カラーペンならば凹の跡がつかない。

この子も胴体の線を間違って引いてしまった。カラーペンならこするだけでOK。現時点で見た目は汚くなってしまうが、凹の跡がないので刷ると消える。

第3幕　スチレン版を彫る

　スチレン版画セットという教材を購入したら、彫るための先がとがった棒がついている。この棒を使って彫る（ない場合はボールペンで十分）。

> 　線の上を棒で描いていきます。カーブ部分などやりにくいところはスチレン版を回しながらしましょう。

　スチレン版を回しながら彫るとはどのようにするのか、子どもを教師の周りに集めて実演して見せる。
　棒の反対側がフォークのようになっているので、配膳台などに模様をつけたい子はこれでつけさせる。

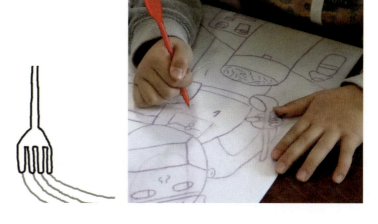

第4幕　カッターで周りを切り取る

後ろの部分をカッターで切り取ります。カッターの使い方を説明します。

実際に子どもを教師の周りに集めてカッターの使い方をやって見せる。
正しい使い方を「きちんと教え」て「褒める」。

カッターの使い方のコツは次の通り。

①鉛筆の持ち方で持つ
②奥から手前にひいて切る
③曲線は紙を回しながら切る
④広いところは分割しながら切る

はじめは失敗しても影響がない広い部分から切り取る。
さらに重要なのが、次のことである。

「ここを切り取る」という印をつけておく

給食当番の絵の場合、配膳台の部分とバックの部分がよく似ているために、間違って配膳台部分も切り取ってしまう子がいる。回転させながら切り取っていくうちに、どこがどこかわかりにくくなってしまうのだ。そこで「ここを切り取る」という意味で×印や斜線の印をペンでつけるとよい。
ちなみに左の絵ならこのようになる。
特に腕と体の間部分などは「ここを切り取る」という印があったほうがわかりやすい。

間違って切ってはいけないところを切り取ってしまった子も、裏からセロハンテープで張りつけるとよい。
第4幕は2時間位かけて、ていねいに行う。

第5幕　刷って完成

刷りは「半分までめくって2度刷り」がおすすめ。

「半分までめくって2度刷り」の方法
①インクをつけて上に紙を乗せる。

②バレンをくるくる回して隅々までインクがいきわたるようにする。

③半分まで紙をめくってもう一度インクをつける。

④インクをつけたところをバレンで伸ばす。

⑤反対の半分側も紙をめくって再度インクをつける。

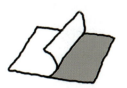

⑥バレンで伸ばしてできあがり。

　このようにすると2回インクをつけたにもかかわらず紙がずれずに刷ることができる。濃い色の台紙に貼って完成。

●2年生の作品

5 ポスターにも使えるシナリオ

「夕やけこやけ友だちポスター」（中・高学年向き）
～夕やけと影の対比が美しい～

夕日に浮かんだぼくと友だち―。

今日はこんなことをしてあそんだよ、明日はこんなことがしたいな。仲良く遊ぶ友だちとその影は、友情の象徴ともいえる。

人権ポスターとしても使える「友だちポスター」を紹介。

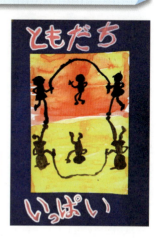

> ＊このシナリオで体験・獲得させたい造形力
>   動きのある人物と影の描き方
>   にじみ技法

1 準備物

画用紙（白、8つ切りの半分）・色画用紙（黒、藍色、濃い青、濃い緑など、8つ切り）・鉛筆・B4のコピー用紙・黒ペン・絵の具・ポスカ

2 指導計画（全6時間）

第1幕　影のアイデアを出す・影の描き方レッスン
第2幕　上手な影を描く
第3幕　夕焼け空・地面を塗る
第4幕　影を塗る
第5幕　ポスター作製①（台紙に貼る・文字を考える）
第6幕　ポスター作製②（文字を塗る・仕上げ）

第1幕　影のアイデアを出す・影の描き方レッスン

見本を数点見せる。

C：わあ、かけっこしてる！
C：きれい！　すごい上手。

> 何か気付いたことはありませんか。

C：影が描いてある！

> そうですね。影が描いてあります。
> 　お日様が西に沈み、空が真っ赤になる夕方。そんな夕方まで友だちと楽しくあそんだことを絵に描きます。どんな楽しいあそびをしたかな？「こんなあそびをやってみたいなあ」というのでもかまいません。
> 　たとえば、先生は逆立ちができないけど、一度友だちと一緒にやってみたいなあ……と思ったことがあるので逆立ちの影にしてみました。

C：わあ、早く描きたい！

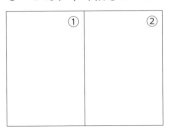

C：先生サッカーでもいいの？
　　ぼくはおにごっこがいい！
　　子どもたちがノッてきたところでB4コピー用紙を配布。
　　半分に折って①、②と書き、裏も同様にして表裏4つの面を作る。

> いきなり影を描きなさいと言っても難しいので、影の描き方を練習します。まず地面の線を真ん中より少し上に描きます。
> ①は基本形です。ばんざいをしている人を描きます。

酒井式人物の描き方で「頭→胴体→手・足→つなげる」の順に描く。足は地面につけるように。

> 影になるので、顔部分は○のままでいいです。目や鼻、口は描きません。

①
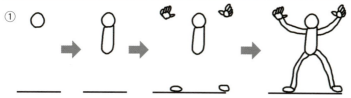

> 次は影です。この場合、頭の影はどこに描きますか？
> Aだと思う人？　B？　C？　そうですね。Cです。
> 影も、頭→胴体→手・足→つなげる、の順に描きます。

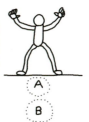

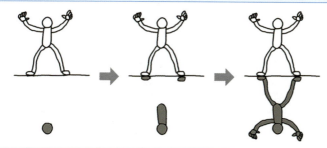

> 影を描いてみました。
> でも、この絵はおかしいところがあるんです。
> どこでしょう？

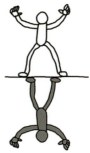

理由を発表させる。
C：先生、足がおかしい！　影が変だよ。

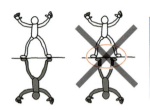

そうですね。
　立っている足を描くときには、必ず地面で足の裏同士をくっつけます。

「紙を逆さまにして描いてもいいですか」と言う子がいるが、紙は逆さにしないで描く。

　②にはなわとびをしているところを描きます。手はグーでかまいません。ジャンプしていると影の足も地面についていないね。

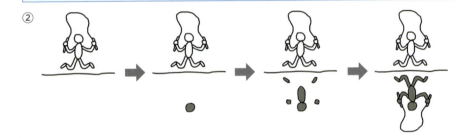

　③には、体操しているところを描きます。
　これも影は頭→体→手・足→つなげる、の順番だね。

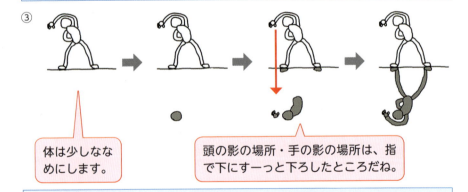

体は少しななめにします。

頭の影の場所・手の影の場所は、指で下にすーっと下ろしたところだね。

④は逆立ちしている人を描きます。

④

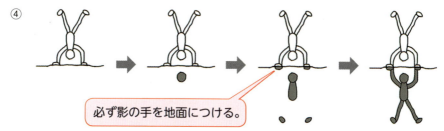

必ず影の手を地面につける。

このあたりになると、もう逆さに描くのもへっちゃらになってくる。

> 慣れてきた人は、影を少し長くしてみましょう。このほうが雰囲気が出ます。
> また、服も着せましょう。
> このようにいろいろな影を描きます。
> 今日は練習ですから失敗してもかまいません。どんどんアイデアを出しましょう。

手をつなぐ・かけっこ・長縄・サッカー……など実にさまざまなアイデアが生まれる。

ただし虫取り網やバットをもたせるなどの小物はよいが、サッカーゴールや家などの固定物は描かず「人物などの動くもの」に限定する。

我がクラス（3年生）では一輪車・自転車に乗っているところ、太鼓をたたいているところ、ドッジボールに野球、犬の散歩をしているところなど実にさまざまなアイデアが出た。「いいね！」「すごいアイデアだ」と思い切り褒める。

 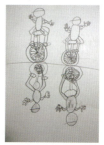

第2幕　上手な影を描く

白画用紙（8つ切りの半分）を配布。前回のプリントを参考にして、黒ペンで人物を描く。前回通り、頭→胴体→手・足→つなげる、の順で描かせる。服も着せる。

次は影を鉛筆で描きます。描き方は前の時間に練習しましたね。
約束は2つです。
・うすく描くこと
・影は少し長く描くこと

第3幕　夕焼け空・地面を塗る

〈板書〉　パレットに、赤・黄色・しゅ色・おうど色を出す

空はにじみ技法で塗る。子どもたちを前に呼んで実演して見せる。

パレットに大筆を水入れにチャポンとつけて、そのままパレットの上にもってきて1滴水滴を落とします。ほら、1回、2回……5回やると水たまりができるね。
この水たまりを3個作ります。

絵の具を全部とかして、赤、黄、朱色のダブダブジュースを作ります。
刷毛にたっぷり水を含ませて、空全体をぬらします。

このとき紙をゴシゴシこすってはいけない（こすると紙のカスが出てきてしまう）。

水が乾かないうちに黄色からにじませます。ほら、じわ～っとにじんできれいでしょう？　このようにして、朱色や赤のダブダブジュースもにじませます。一番濃い赤は地平線の近くでにじませるときれいです。

地面も同じようにして黄土色のジュースを作ります。

地面はにじみ技法ではなく、大筆で一気に塗る。

第4幕　影を塗る

青と茶色でこげ茶を作ります。そして影を丁寧に塗っていきます。上部分は黒だけで塗ります。こちらは少しだけどろどろ気味で塗ります。

影を塗るときは「面相筆」がおすすめ。塗りやすい。学級費で購入するとずっと使える。

この日、帰りに子どもたちが自分たちの影の絵を黒板に貼って「ぼくの影、うまいやろ」「これは今までの中でも最高傑作や」と見せ合っていた。酒井式は自尊心も高まる！

第5幕　ポスター作製①（台紙に貼る・文字を考える）

> いよいよポスターにします。自分で一番いいと思う台紙を選びなさい。

藍色、濃い青、青、黒、などから選ぶ。濃い色であればよく合う。選んだら真ん中にのりで貼る。

> ポスターの文字を考えます。
> 　もっともっと友だちが増えたらいいなあと思ってもらえる文字がいいですね。3つぐらい案を色画用紙の裏に書きましょう。

「あ」や「め」が入った文字は筆で書きにくいのでなるべく避けたほうがよい。「がんばれ」よりも「ガンバレ」など、カタカナが書きやすくて簡単。
　我がクラスでは、

> ・みんな　なかよし　・あしたも　あそぼうね　・ともだち　いっぱい

などのほかに、

> ・ヤッホー　ヤッホー（ジャンプしているところ）
> ・ナイス！キャッチ！（ドッジボールしているところ）
> ・たのしかったね　うん（親子3人が手をつないでいるところ）

などいろいろな案が出された。

> どの案が一番いいか選んで、うすく鉛筆で書きます。

ポイントは2つ。

> *文字がつぶれてしまわないように　*大きく書くこと

この時間はここで終わりとする（約20分程度で終了）。

第6幕　ポスター作製②（文字を塗る・仕上げ）

〈板書〉　白＋赤　　白＋黄色　　白＋青　　白＋緑　　白のみ
　　→どれか1つ選んでパレットに出す。
　　　・少しどろどろ気味にぬる。
　　　・文字がつぶれないようにする。

> 文字をつぶさないように丁寧に塗ります。水が多いと文字が目立ちません。どろどろ気味でね。

最後にポスカで縁取りをする。
　ポスカは、別の紙の上で液漏れなどがないかどうか試してから塗る。ポスカの色は白・赤・青などがよく合う。
　左は縁取り前、右は縁取り後である。縁取りのよさが一目瞭然でわかる。

　完成作品を後ろに掲示すると壮観！であった。保護者からも「上手ですね」という声がたくさん聞かれた。ぜひ試していただきたい。

● 3年生の作品

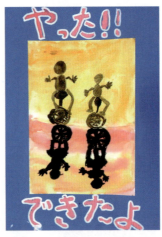

6 冬にぴったりのシナリオ

「クリスマスの夜」(中・高学年向き)
〜キラキラ輝くツリーと雪だるまをスパッタリングで表現〜

一面の銀世界に満天の星。
キラキラ光るクリスマスツリーをみつめる雪だるまたち。
クリスマスの夜の素敵な風景をスパッタリングで表現してみよう。
(この実践は三浦容子氏のSNSダイアリーを修正追試し、シナリオ化したものである)

3年生の作品

＊このシナリオで体験・獲得させたい造形力
　スパッタリングの技法

1　準備物
色画用紙(黒・紺・赤の3色、8つ切り)・画用紙・絵の具・鉛筆・はさみ・のり(貼ってはがせるのり)・綿棒・新聞紙・金色銀色の折り紙・ポスカ(白)・歯ブラシ・コピー用紙を正方形に切ったもの

2　指導計画(全3時間)
　第1幕　お話・型紙を作って貼る
　第2幕　スパッタリングをする
　第3幕　仕上げ

第1幕　お話・型紙を作って貼る

はじめに目を閉じさせ、「クリスマスの夜(寺田作)」のお話をする。

> 　今日はいよいよ、待ちに待ったクリスマスの夜です。わたしは、ベットの中でなかなか眠れずにいました。だってサンタクロースが来るのが楽しみで楽しみで眠れなかったんです。
> 　ふと、外を見ると一面の銀世界です。大きなもみの木が星と一緒にまるでクリスマスツリーのようにキラキラと輝いていました。
> 　昼間に作った雪だるまくんと雪だるまちゃんもなんだか笑っているように思いました。
> 　「きっと雪だるまくんたちもサンタさんが来るのが楽しみなのかなあ」
> 　私はそんなことを考えているうちにいつの間にか眠っていました。
> 　しばらくして「シャンシャン……」とサンタさんのそりの音が聞こえてきました。

T：ハイ、目を開けなさい。「クリスマスの夜」という絵を描きます。
　赤・紺・黒の3色の見本を次々見せる。
C：うわ～～～！　きれ～～い！

> 　どの色の画用紙がいいか、選びます。

　どの色にするか決めたら、型紙用の画用紙（8つ切り）を配布。

> 　型紙用の画用紙に鉛筆でツリー、家、雪だるまなどを描きます。はさみで切るので細かく描かずに簡単でかまいません。

　描いたらはさみで切り取り、貼ってはがせるのりでさっき選んだ色画用紙に貼る。
　貼るときのポイントは、

> ＊ツリーの高さを変えること
> ＊ほんのちょっとでいいから重ねる

である。

雪の結晶はやりたい子だけとする。

> 雪の結晶をやってみたい子は前に来ましょう。

雪の結晶の切り紙の仕方を教える。

切り紙「雪の結晶」の作り方
① 正方形に切ったコピー用紙を三角に折る。
② 下のような「折り方定規」を印刷しておき、この上に①の三角をのせる。
③ のせた三角の中心と底辺を下図の○に合わせる。
④ ＊の線に重なるように折り、反対側も下写真の矢印のように折ると6つ折りが簡単にできる。

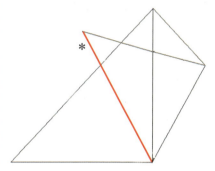

（折り方定規台紙：6つ折り）

底辺の中心をここに合わせる。

⑤ 鉛筆で模様を描きはさみで切って完成（このような模様をいくつか黒板に描き紹介する）。

 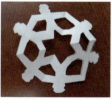 

雪の結晶は別紙の上で貼ってはがせるのりをつけ、色画用紙に貼る。

中には家の屋根に風見鶏のようなものをつけた子、大きいツリーをドーンと1つだけにした子などさまざま。多様性を求めるのでどれも「よし」とする。

第2幕　スパッタリングをする

〈板書〉　パレットに　｛白（ポスターカラー）をたっぷり出す。
　　　　　　　　　　　赤・黄色・緑を出す。

白は教師が用意したポスターカラーをパレットに配布。
実際に手元を見せないと細かい部分はわからない。やって見せることが重要。

　大筆を水入れにチャポンとつけて、そのままパレットに水を入れます。全部で3回入れます。そこに白をたっぷり混ぜます。
　そして歯ブラシにつけてこんなふうにシュッシュッ……。
　試しの紙にやってみてから本番の紙にしましょう。

先生も家でやってみたけど、くっきり出すためには白をたっぷりととかす必要があります。
白が薄いとくっきり出ないよ。

雪のスパッタリングが終わったら、さっきと同じようにしてパレットに白＋緑、白＋赤、白＋黄色を作ります。
ツリーの上から緑とかをシュッシュッ。

6 冬にぴったりのシナリオ　125

> 最後にオーロラです。
> 新聞紙でマスキングしてそこの間に赤や黄などをシュッシュッ。

オーロラは2、3本引くときれい。
オーロラを「重ねる」とさらに美しくなる。

第3幕　仕上げ

型紙を取る。ここで仕掛けをする。ドラマを起こさせるのだ。
「銀河鉄道の夜」のシナリオでも述べたが、それは、

> 「クラスで自分が一番図工が苦手」と思っている子の作品を借りてきて、みんなの前で型紙を取ってみせること。

である。
T：よーく見ててね（じらしながらツリーの型紙を1つ取ってみせる）。
C：おお～。
C：すごい！　きれい！

うわ～～！　きれい！

子どもたちからどよめきが起きる。
T：先生もきれいだと思う。すごくいい。
　この「子どもたちの賞賛のどよめき」をその子に聞かせるのだ。「図工が苦手・絵が嫌い」と思っているその子の自尊心は必ずアッ

プすること間違いなし。

　それから「みんなも型紙を取りましょう」と言う。型紙をはがした瞬間「うわ〜きれい」と、みんなとてもいい顔をする。

> 〈板書〉　パレットに白・赤・黄色・緑・青を出す（少しでよい）。
> 　　　　水はほとんど使わない。ドロドロ。

　パレットに白＋赤、白＋黄色、白＋青、白＋緑で4色の色を作ります。水は少なめ。ドロドロです。そして綿棒でポンポンとして光をつけます。

「綿棒ポンポン」は子どもたちも大喜び。夢中になって行う。

白マーカーで雪だるまの目やボタンを描き込みます。

サンタクロースを描きたい子は、白絵の具で描き込んでもいいです。

　サンタクロースは難しいので、これは描きたい子だけとする。
　使う色は白のみ。下写真のように形だけを描く。そりの上に長丸を描いてトナカイらしきものを描くとそれらしく見える。

最後に星形に切りぬいた折り紙の金や銀、黄色、白などの星をところどころに貼ります。

　この星型は100円均一のお店で大きさが違う物を購入。銀色と金色の折り紙や黄色の色画用紙などで前もってたくさん型抜きしておく。それを多すぎないように貼って完成。

● 3年生の作品

ステンシル「モチモチの木」（中・高学年向き）
～モチモチの木の幻想的な世界をステンシルで表現～

紙をめくったとき、「わあ～～、きれい」と誰もが感動する。豆太が医者様の背中で見た「モチモチの木に灯がついている」場面をステンシルで表現する（この実践は酒井先生の原実践をステンシルバージョンにしたもの）。

*このシナリオで体験・獲得させたい造形力
　木の描き方・ステンシルの方法・カッターの使い方

1　準備物

画用紙（8つ切り）・絵の具・カッター・スポンジタンポ7、8個・「モチモチの木」の本・工作マット・黒つや紙（8つ切り）・台紙用の色画用紙（8つ切りよりも各辺が3cmほど大きいもの）

2　指導計画（全6時間）

第1幕　お話・木を描く
第2幕　カッターで切る
第3幕　ステンシルをする（雪部分）
第4幕　ステンシルをする（その他部分）
第5幕　雪を降らせる・仕上げ

第1幕　お話・木を描く

「モチモチの木」の読み聞かせを行う（お話：略）。

モチモチの木に灯がついた場面を描きます。ステンシルという方法でします。

見本を見せる。
C：うわ～～！　きれい。
画用紙は縦でも横でもどちらでもよい。自由に選ばせる。

> 　大筆を水入れにチャポンとつけて、そのままパレットの上にもってきて1滴水滴を落とします。1回、2回、3回やると水たまりができるね。この水たまりで黒のダブダブジュースを作ります。

「ダブダブジュースを作りなさい」とだけ指示して作らせるよりも、このように水加減を具体的に言って作らせるほうがわかりやすい。

> 　地面の線を描きます。まっすぐにならないようにね。次に大筆で木を描きます。下から上にゆっくりゆっくり。枝は画用紙の端までつきぬけるようにします。

端までつきぬけるように

木は、下から上にゆっくりと描く。枝は画用紙の端までつきぬけるようにすると、堂々とした大きな木ができる。
　後でカッターナイフで切り抜くため、あまり枝が細すぎたり、細かくなりすぎたりしないように。

> 　医者様を描きます。でも、ステンシルなので目や鼻などは描いても見えません。だから顔は丸でかまいません。
> 　服も描かず、頭・胴体・手足の部分・杖だけでいいです。

細かくしすぎずシンプルに

豆太も医者様の背中にくっつけるようにして描く。豆太を背負って杖を描くだけで医者様に見える。
　足部分は右図のように地面との設置面を多く取るようにすると、カッターで切り取るときに失敗が少なくてすむ。家も、シンプルでよい。ただし、窓はつけておく。

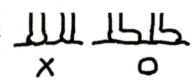

家、医者様、豆太は黒で塗りつぶしておく。

光を描きます。ピンポン玉ぐらいの大きさです。後でステンシルで色を付けるので黒く塗りません。必ず「木にくっつけて」描きます。

光が小さすぎるとステンシルができない。また、木にくっつけて描かないとカッターナイフで切り取ったときに取れてしまう。

光が描けたら月を描きます。月は満月でも三日月でもかまいません。ただし、月も大きめに描き、必ず木にくっつけて描きましょう。

最後に外枠を黒で囲む。外枠があるのとないのでは、カッターナイフで切り取ったときの安定度が違う。

第2幕　カッターで切る

白い部分をカッターで切り取ります。カッターの使い方を説明します。先生の周りに来ましょう。

教師の周りに子どもたちを呼んで、カッターの使い方を実演して見せる。正しい使い方を「きちんと教え」て「褒める」ことが重要。

カッターの使い方のコツは、

紙を回して、常に手前に引いて切るようにする。

①鉛筆のもち方でもつ
②奥から手前に引いて切る
③曲線は紙を回しながら切る
④広いところは分割しながら切る

である。はじめは慣れないのでシンプ

ルな部分を切り取るようにする。

広い所は一気に切り取らず分割して切る。右写真のように医者様の周りだけ残して、細かい医者様は後で切るとよい。

　カッターナイフを使うのが初めての子どもたちであれば2時間はかかる。褒めて励ましながら切り取らせる。

第3幕　ステンシルをする（雪部分）

　この授業に入る前に前もってスポンジと綿棒でタンポを作る時間をとる。我がクラスの場合は隙間時間を利用してタンポ作りをした。一人7〜8個作る（スポンジタンポの作り方は95ページ参照）。

　はじめに外枠部分にセロハンテープをつけて黒つや紙とモチモチの木の紙がずれないようにとめる。セロハンテープをつける場所は各辺2、3か所でよい（端から端までとめてしまうと後で取るのが大変）。

　子どもたちを前に集めて実演して見せる。

パレットに白絵の具をたっぷり出します。水は一切使いません。タンポで木の周り、家の周りなどに白をポンポンとつけていきます。

光・月の周りにも白をつける。

第4幕　ステンシルをする（その他部分）

パレットに赤・黄・緑・青・オレンジ・白を出します。
この時間も水は一切使いません。

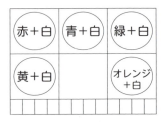

左のようにしてパレットに色を作る。ポイントは**必ず白を混ぜる**こと。タンポは1色につき1つ使用し、使い回しはしない。

タンポで光・月・家の窓部分・地面に色をつけます。

↑タンポで色をつけた状態。

地面の色は青＋白または紫＋白、緑＋白などが美しい。グラデーションにするのもよい。

上に重ねた台紙をめくると下の写真のようになる。

第5幕　雪を降らせる・仕上げ

　仕上げに雪を降らせる。細筆で、白または白にほんの少し黄色や水色をチョンとつけていく。
　このときもほとんど水は使用せず、ドロドロ気味の濃さで雪を降らせていく。降らせすぎるとせっかくのモチモチの木が台無しになってしまうので注意。

最後にセロテープを丁寧にはがし、台紙（うすい色の画用紙なら何でも合う）に貼って完成。

●3年生の作品

〈著者紹介〉

寺田 真紀子（てらだ　まきこ）

1974年2月	大阪府生まれ
1996年3月	大阪教育大学教育学部卒業
1996年4月より	大阪府和泉市内小学校勤務

TOSS五色百人一首協会大阪府理事
TOSS五色百人一首協会事務局
教育サークルTOSS大阪きりんの会代表

〈著書〉
『小学1年生の絵の指導　ここまで描ける酒井式シナリオ集』（明治図書）

どの子も図工大好き！
酒井式"絵の授業"
―よういスタート！　ここまで描けるシナリオ集―

2016年9月1日　　初版発行
2018年12月20日　第2版発行
2021年11月5日　第3版発行

著　者　寺田真紀子
監　修　酒井臣吾
発行者　小島直人
発行所　株式会社 学芸みらい社
　　　　〒162-0833 東京都新宿区箪笥町31 箪笥町SKビル3F
　　　　電話番号 03-5227-1266
　　　　https://www.gakugeimirai.jp/
　　　　e-mail : info@gakugeimirai.jp

印刷所・製本所　藤原印刷株式会社
装丁デザイン・DTP組版　星島正明

落丁・乱丁本は弊社宛にお送りください。送料弊社負担でお取り替えいたします。
©Makiko Terada 2016　Printed in Japan
ISBN978-4-908637-23-0 C3037

日本のすべての教師に勇気と自信を与えつづける永遠の名著!

向山洋一　教育新書シリーズ
向山洋一 著

〈すべて本体 1000 円＋税〉

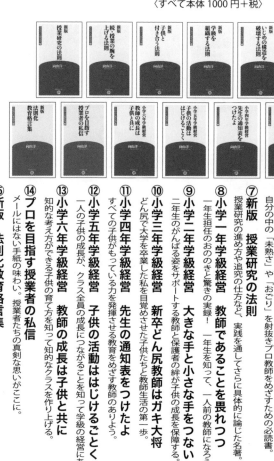

① 新版 授業の腕を上げる法則
「授業とはどのようにするのか」の講座テキストとして採用してきた名著の新版。

② 新版 子供を動かす法則
新卒の教師でもすぐに子供に動かせるようになる、原理編・実践編の二部構成。

③ 新版 いじめの構造を破壊する法則
小手先ではない、いじめが起きないようにするシステムをつくる・制度化する法則。

④ 新版 学級を組織する法則
授業に専念できる、通学が楽しみになる学級づくりの原理・原則（法則）。

⑤ 新版 子供と付き合う法則
技術では語られない「子供と付き合う」ということの原理・原則。

⑥ 新版 続・授業の腕を上げる法則
自分の中の「未熟さ」や「おごり」を射抜きプロ教師をめざすための必読書。

⑦ 新版 授業研究の法則
授業研究の進め方や追究の仕方など、実践を通してさらに具体的に論じた名著。

⑧ 小学一年学級経営 教師であることを畏れつつ
一年生担任のおのおのきと驚きの実録！一年生を知って、一人前の教師になろう！

⑨ 小学二年学級経営 大きな手と小さな手をつないで
二年生のがんばる姿をサポートする教師と保護者の絆が子供の成長を保障する。

⑩ 小学三年学級経営 新卒どん尻教師はガキ大将
どん尻で大学を卒業した私を目覚めさせた子供たちと教師生活の第一歩。

⑪ 小学四年学級経営 先生の通知表をつけたよ
すべての子供がもっている力を発揮させる教育をめざす教師のありよう。

⑫ 小学五年学級経営 子供の活動ははじけるごとく
一人の子供の成長が、クラス全員の成長につながることを知って学級の経営にあたろう。

⑬ 小学六年学級経営 教師の成長は子供と共に
知的な考え方ができる子供の育て方を知って知的なクラスを作り上げる。

⑭ プロを目指す授業者の私信
メールにはない手紙の味わい。授業者たちの真剣な思いがここに。

⑮ 新版 法則化教育格言集
全国の先生が選んだ、すぐに役に立つ珠玉の格言集。

学芸を未来に伝える
学芸みらい社
GAKUGEI MIRAISHA

小学校教師のスキルシェアリング
そしてシステムシェアリング
―初心者からベテランまで―

授業の新法則化シリーズ
＜全28冊＞

企画・総監修／向山洋一 日本教育技術学会会長 TOSS代表

編集　執筆 TOSS授業の新法則 編集・執筆委員会

発行：学芸みらい社

　　1984年「教育技術の法則化運動」が立ち上がり、日本の教育界に「衝撃」を与えた。そして20年の時が流れ、法則化からTOSSになった。誕生の時に掲げた4つの理念はTOSSになった今でも変わらない。
1. 教育技術はさまざまである。出来るだけ多くの方法を取り上げる。（多様性の原則）
2. 完成された教育技術は存在しない。常に検討・修正の対象とされる。（連続性の原則）
3. 主張は教材・発問・指示・留意点・結果を明示した記録を根拠とする。（実証性の原則）
4. 多くの技術から、自分の学級に適した方法を選択するのは教師自身である。（主体性の原則）
　　そして十余年。TOSSは「スキルシェア」のSSに加え、「システムシェア」のSSの教育へ方向を定めた。これまでの蓄積された情報をTOSSの精鋭たちによって、発刊されたのが「新法則化シリーズ」である。
　　日々の授業に役立ち、今の時代に求められる教師の仕事の仕方や情報が満載である。ビジュアルにこだわり、読みやすい。一人でも多くの教師の手元に届き、目の前の子ども達が生き生きと学習する授業づくりを期待している。

（日本教育技術学会会長　TOSS代表　向山洋一）

学芸を未来に伝える
学芸みらい社
GAKUGEI MIRAISHA

株式会社 学芸みらい社（担当：横山）
〒162-0833 東京都新宿区箪笥町31 箪笥町SKビル3F
TEL:03-6265-0109（営業直通）　FAX:03-5227-1267
http://www.gakugeimirai.jp/
e-mail:info@gakugeimirai.jp